Deutsche Erstveröffentlichung

Wilhelm Heyne Verlag
München

HEYNE SCENE
18/57

Titel der englischen Originalausgabe
The Black Leather Jacket

Deutsche Übersetzung von Loretta Wolf

Copyright © 1985 by Mick Farren
Copyright © 1985 dieser Ausgabe by Plexus Publishing Limited
Copyright © 1986 der deutschen Übersetzung by Wilhelm Heyne Verlag GmbH & Co. KG, München
Printed in Germany 1987
Fotonachweis: Wir danken folgenden Fotografen, Herausgebern, Designern, Sammlern, Bildagenturen und Modehäusern für ihre Hilfe bei der Auswahl der Fotos für dieses Buch.
Alex Lascelles von The Kobal Collection, *Sounds*, Lewis Leathers, EMAP National Publications, London Features International, Camera Press, Syndication International, The Photo Source, the Imperial War Museum, Nautic Visual Services, Popperfoto, DC Comics, British Film Institute, Schirmer Mosel, Rex Features, Schott Brothers, Harry Hammond, Michael Putland, Wide World Photos, John Sutcliffe of Atom Age, Thames Television, Lucasfilm U.K. Limited, *Back Street Heroes*, Geoff Howard, Robert Ellis, Chuck Pulin, Chris Wroblewski, Helen Campbell, Caryn Franklin von *i-D* magazine, Expectations, Grace Lau, Paulo Nozolino, Andy Phillips, John Ingham, Virginia Turbett, Warner Brothers, Modern Publicity, Graham Hughes, Jeff Pine, Katherine Hamnett, Montana, Gianni Versace, Jean-Pierre Gaultier, Transworld, BBC Hulton Picture Library und Ann Matthews und Alex Kroll von *Vogue* magazine. Deutsche Presse-Agentur, München, Archiv Lothar Aust, München
Umschlaggestaltung: Atelier Ingrid Schütz, München
Layout: Helmut Burgstaller
Gesamtherstellung: RMO, München

ISBN 3-453-35086-3

INHALT

LEGENDÄRES LEDER
8

DEUTSCHE EINFLÜSSE
32

DIE GROSSEN IDOLE
44

TEENAGER-TRÄUME
64

SCHUND UND SCHROTT
100

SWINGING SINGLES
116

DIE NEUEN BARBAREN
126

DIE HÄUTE DER WILDEN
140

Monty Clift, Marlon Brando und James Dean, Inbegriffe eines neuen Bildes der Jugend.

LEGENDÄRES LEDER

Marlon Brando in
The Wild One (Der Wilde).

Zu meiner ersten Begegnung mit der Aussagekraft der schwarzen Lederjacke kam es, als ich etwa vierzehn oder fünfzehn war. Ich kann mich noch genau daran erinnern, wie ich mir meine erste gekauft habe. In der Schule und auf der Straße hatte ich die älteren Typen gesehen, die welche trugen; sie sahen wirklich cool aus, und überwältigt von pubertärer Heldenverehrung wollte ich ganz genauso sein. Aber ein Teil des Reizes bestand auch darin, daß die Lederjacke mit Mißbilligung bestraft, geächtet und hintertrieben wurde. Außerdem

Die schwarze Lederjacke wurde die Uniform der bösen Buben. Der unheimliche Gene Vincent.

hatte ich Standfotos von Marlon Brando in *The Wild One* (Der Wilde) gesehen, und das war das Größte, denn weiter konnte man aus der Sicht der damaligen Zeit heraus gar nicht gehen. (Auch gegen Marlon schritt man juristisch ein. *The Wild One* blieb bis 1967 in Großbritannien verboten, vermutlich, um dagegen vorzubeugen, daß junge Leute wie ich mit Brandos Rolle wetteiferten. Das funktionierte nicht; es führte nur dazu, daß ich um so versessener darauf war.)

Es war ein Zeitpunkt, zu dem ich ernsthaft an zwei Fronten gegen die Kleidungsvorschriften kämpfte. Sowohl meine Lehrer als auch meine Leute zu Hause schienen entschlossen zu sein, einen jungen Herrn aus mir zu machen — einen potentiellen Bankdirektor oder Werbemenschen, wie man ihn aus dem Bilderbuch kennt. Ich dagegen war gleichermaßen entschlossen, ein widerlicher Rowdy zu werden. Es war eine Zeit, zu der alles, was hip war und was Teenagern gefiel, gegen die Vorschriften verstieß, eine Zeit, zu der man sich heimlich in einer hautengen schwarzen Jeans unter einer unförmigen grauen Flanellhose aus dem Haus schlich.

Ich kaufte die Jacke in einem kleinen Laden für Herrenbekleidung in einer Seitenstraße gleich neben einer Eisenbahnbrücke in einer mittelgroßen Stadt an der südenglischen Küste. Dieser

Ort war wohl kaum ein Asphaltdschungel, aber damals ging er als solcher durch. Der Laden hatte sich auf die schäbige Mode der jugendlichen ›Verbrecher‹ spezialisiert – gepunktete Hemden, Glitzerhosen, knallige Socken und grauenhafte Anzüge, die im allgemeinen nach zwei Wochen auseinanderfielen. Ich bezahlte mit meinem eigenen Geld dafür, Bargeld, das ich von dem gehortet hatte, was es mir einbrachte, zu einer gottlosen Morgenstunde aus dem Bett zu kriechen und Zeitungen auszutragen. So, wie die Dinge lagen, bestand nicht die geringste Aussicht, daß sich meine Leute für eine Motorradjacke erwärmen würden, und wenn ich damit nach Hause kam, würde es ein Nachspiel nach sich ziehen. Es war nur zu offensichtlich, daß das meine vorläufige Mitgliedskarte im Verein der Bösen Buben war, daß ich damit genau den Jungen ein Zeichen gab, mit denen ich nichts zu tun haben sollte.

Ich bin sicher, daß meine ansonsten vernünftige Mutter darin den ersten vorschnellen Schritt auf diesen zu glatten Weg hin sah, der ganz hinunter zu Rauschgift, Entartung und billigen Frauen führte. Ich sah das allerdings genau so. Und gerade deshalb war ich ja so höllisch scharf darauf.

Es war eine Art Ritual. Ich stand vor dem Spiegel des Ladens, in dem ich mich von Kopf bis Fuß sehen konnte, und zog die Jacke, die ich eben gerade trug, aus. (Die Jacke ist mir nicht in Erin-

nerung geblieben. Wahrscheinlich war es eine dieser blöden sportlichen Tweedjacken, die ganz und gar die Billigung meiner Mutter fanden.) Ich wand mich in das hinein, was mein erstes cooles Kleidungsstück werden sollte. Das Leder war so neu, daß es knirschte, und es roch wie das Innere eines fabrikneuen Wagens, aber dafür gab es einen Ausgleich, der mehr als nur adäquat war. Die Jacke hatte ein rotes Seidenfutter, wie Draculas Umhang. Ich glaube, mich zu erinnern, daß ich diesen Bezug damals hergestellt habe. Ich erinnere mich auch noch an das Etikett. Die Jacke kam von D. Lewis Ltd aus der Great Portland Street, London. Es war das Bronx-Modell. Als ich in den Spiegel starrte, traute ich kaum meinen Augen. Zugegebenermaßen war der Spiegel schräg gekippt, um die schmeichelhafteste Wirkung hervorzurufen, aber ich sah einfach toll aus. Meine Beine wirkten länger, meine Schultern breiter. Ich schlug den Kragen hoch. Ich sah so verflucht cool aus! Ich war eine Kreuzung zwischen Elvis und Lord Byron. Der alte Typ, der sich um mich kümmerte, fragte mich, wie ich mich darin fühle. Ich steckte mir eine Zigarette an. Ich rauchte schon seit vielleicht einem Jahr, aber es war das erste Mal, daß ich mir je eine Zigarette ansteckte, wenn das gesamte Augenmerk eines Erwachsenen auf mich gerichtet war. Jeckyll verwandelte sich bereits in Hyde. Ich teilte ihm von oben herab mit, die Jacke sei in Ordnung. Er spielte in meinen Fantasien wahrhaft nur eine unbedeutende Nebenrolle.

Natürlich hätte diese unbedeutende Szene auf den zufälligen Betrachter eine Spur lächerlich gewirkt, ein linkischer Junge, der in einer brandneuen Lederjacke vor einem Spiegel posiert. (Und es gibt wirklich nichts Erbärmlicheres als eine nagelneue Lederjacke. Als ich damit in das Viertel kam, in dem ich wohnte, sagten mir

andere, ich solle sie mit einem Ziegelstein abreiben. Das ist, ganz nebenbei bemerkt, Unsinn. Nur die Zeit läßt eine Lederjacke altern.) Ein großer Teil dieser Lederjackenmystik ist eine ganz subjektive Angelegenheit. Man kann rumlaufen und wie der letzte Trottel aussehen, aber innerlich fühlt man sich wie der böse Bruder von Billy the Kid. Selbst der größte Dummkopf, dem es an jeglicher Entschlossenheit und auch an Klasse fehlt, kann eine besonders schlecht geschnittene, miserabel verarbeitete Imitation einer Motorradfahrerjacke anziehen und sich in der Lage fühlen, es gegen die ganze Welt aufzunehmen. Der Ärger fängt erst dann an, wenn diese Fähigkeit auf die Probe gestellt wird. Nur allzu oft behandelt die Welt den Dummkopf nicht mit dem Ernst, den er verdient zu haben glaubt, und das ist der Punkt, an dem die Saat des Unheils gesät wird, an dem der gewalttätige, häßliche Punk hervorgebracht wird.

Ich dachte allerdings an nichts von alledem. Für mich war es ein großer Tag. Ich kam mir vor wie der junge Knappe zu Zeiten des Rittertums, der seine erste Rüstung bekommt. Die kalten Morgenstunden, in denen ich meine Runden drehte, um die Zeitungen auszutragen, waren mein Äquivalent zum Leben des traditionell fahrenden Ritters, der die ganze Nacht lang in einer bitter kalten Kapelle seine Knie wundscheuert, während er über seine Rüstung und seine Waffen wacht, ehe er loszieht, um Köpfe abzuschlagen.
Dieses Gefühl nahm ich mit auf die Straße hinaus. Ich hatte mir die spießige Sportjacke, oder was es auch gewesen sein mag, einwickeln lassen und trug die Lederjakke. Ich fühlte mich vom ersten Moment an völlig anders. Das Bild, das mich

Ein britischer Rocker.
Kleines Bild: Das Ace Cafe in London, eine Rockerstammkneipe der späten fünfziger Jahre.

durch die Ladenfenster ansah, und ein gelegentlicher Blick in einen Spiegel zeigten eine völlig neue Gestalt. Aus dem Jungen war, zumindest in seiner eigenen Vorstellung, ein Mann geworden. Die gesamte obere Hälfte meines Körpers war breiter und schwerer und zu mehr zu gebrauchen, wogegen meine Beine in den engen Jeans frei waren und jedes Spiel spielen konnten, was sie sich nur einfallen ließen. Ich stolzierte einher, ich blickte finster. Die Jacke machte jede Bewegung mit. Die Lichter, die sich auf dem Material brachen, schienen jede Bewegung noch zu betonen, und ich glaubte inbrünstig daran, daß ich böse, vielleicht sogar bedrohlich war. Ich schmeichelte mir, daß mir Passanten aus dem Weg gingen. Niemand wollte sich mit mir anlegen. In meiner subjektiven Vorstellungswelt war ich von der Scheinwelt der Cowboys und Indianer in die quasi reale Welt der Teenagerbanden und der Schnappmesserjustiz aufgestiegen. Natürlich war ich zu diesem Zeitpunkt noch sehr jung, und ich hatte den Narzißmus gerade erst entdeckt.

1973 erfreuten sich die Fünfzigerjahre wieder einmal einer ihrer vielen Nostalgie-Wellen. Es liegt auf der Hand, daß das Fernsehen dabei in der einen oder anderen Form absahnen wollte. Im Fernsehsender ABC geschah genau das, und es wurde eine Serie halbstündiger Sendungen unter dem Titel *Happy Days* zusammengestellt. Sie nahm größere Anleihen bei George Lucas' *American Graffiti* auf, und die Geschichte begann mit zwei mittelständischen Jungen, die 1956 in die High School gingen. Gegen diese Sendung wurden grundlegende Einwände erhoben. Sie hatte zuviel von *Leave it to Beaver* von vor fünf Jahren, und es fehlte ihr an Rock'n'Roll-Dynamik.

Als Lösung wurde vorgeschlagen, eine dritte Hauptrolle (die des Fonz) hinzuzunehmen, einen gerissenen

Rowdy der Dean- und Brando-Prägung, damit sich bei diesen beiden anödend bürgerlichen Jungen etwas tun konnte. Fast noch im selben Moment trafen die Produzenten von *Happy Days* auf unerwartete Probleme. Die hauseigenen Zensoren des Senders, die die Maßstäbe und Normen festlegten, hatten gehört, daß dieser Darsteller ein Motorrad fahren und eine schwarze Lederjacke tragen sollte. Sie beschlossen, eine sympathische Rolle in einer Fernsehsendung, die sich vorwiegend an Kinder wandte, sei nicht mit einer Lederjacke zu vereinbaren. Man war der Auffassung, die schwarze Lederjacke verkörpere in einem indiskutablen Maß Gewalttätigkeit, Verbrechen und in gewissen Kreisen sogar Homosexualität. Es wurde verfügt, der Fonz solle eine Windjacke aus hellblauem Nylon tragen, und das mußte er auch in den ersten Folgen der ersten Reihe von Sendungen tun, bis er zur allgemeinen Zufriedenheit unter Beweis gestellt hatte, was für ein rundum prächtiger und liebenswerter Kerl er war, und erst dann konnte er ganz still und leise in seine Lederjacke schlüpfen, und es wurden keine Einwände mehr dagegen erhoben, und keine Äußerungen wurden laut.

1981 unternahmen Bürgermeister Koch und Police Commissioner Maguire in New York einen Versuch, das Image der New Yorker Polizei zum Positiven zu verändern. Bei einem früheren Anlauf hatte man den herkömmlichen schwarz-weißen Streifenwagen gegen die himmelblau-weiße Aufmachung eines Eiskremlasters ausgetauscht. Jetzt wurde die schwarze Lederjacke für alle Polizisten mit Ausnahme der berittenen Polizei und der Polizisten mit Motorrad aus dem Verkehr gezogen. Auch die Bullen ritten jetzt auf der blauen Welle, und diesmal war es dunkelblaues Nylon. Die logischen Erklärungen, die dem zugrunde lagen, unterschieden sich nicht allzu sehr von denen, die man auf den Fonz angewandt hatte. In schwarzen Lederjacken sieht die New Yorker Polizei zu sehr nach Gestapo aus, und dieser Umstand kann in New York und in vielen anderen Städten dazu führen, daß die Bevölkerung erbost ist, selbst diejenigen, die nichts auf dem Gewissen haben.

Wenn ein Gegenstand wie ein Kleidungsstück mit derart überschwenglichen negativen Konnotationen beladen wird, daß der Fernsehsender ABC und der Bürgermeister von New York sich gezwungen sehen, dagegen einzuschreiten, dann kann es meiner Meinung nach nur mit Wahrnehmung oder mit Magie, oder vielleicht auch mit einer Verbindung von beidem, zu tun haben.

Es kann kein Zweifel daran bestehen, daß der westliche Kulturkreis die schwarze Lederjacke in seiner Wahrnehmung als etwas *Böses* ansieht. Wenn eine Bande von Jugendlichen einem in solchen Motorradjacken Schulter an Schulter auf dem Bürgersteig entgegenkommt, dann bleibt man nicht erst stehen und läßt sich Zeit, sich den Haarschnitt und das Auftreten näher anzusehen, ehe man auf den Gedanken kommt, auf die andere Straßenseite zu gehen. Die schwarze Lederjacke ist immer die Uniform der Bösen gewesen. Hitlers Gestapo, die Hell's Angels,

Unten: Henry Winkler vor Fonz-Zeiten, Sylvester Stallone vor Rambo-Zeiten in *The Lords of Flatbush*.
Rechts: Die echte Lederjacke.

die Black Panthers, Rocker, Strichjungen in Schwulenbars, animalische Helden des Rock'n'Roll und die krassen Mutationen der achtziger Jahre haben diese Uniform jeweils für sich gewählt. Marlon Brando trug eine Lederjacke, um das Bild des Halbstarken zu unterstreichen, ebenso James Dean, Jim Morrison, Sid Vicious und die Beatles in ihren Gründungszeiten und außerdem auch jede Hundertdollardomina, die auf den hinteren Seiten der Zeitschrift *Screw* annonciert. Als Bob Dylan sich 1965 zur elektrischen Gitarre entschloß, entschied er sich gleichzeitig, in eine schwarze Lederjacke zu schlüpfen. Dylan, der sich immer sehr, wenn nicht übermäßig, klar über das Image war, das er in der Öffentlichkeit hatte, wußte mit Sicherheit, was er tat. Damit zupfte er ein letztes Mal am Bart des Folkmusik-Barden und bewies somit schlüssig, daß er weitergezogen war, in die Welt des Rock'n'Roll. Ebenso putzte sich auch Elvis bei seinem Comeback 1968 in schwarzem Leder heraus, um der Welt des Rock'n'Roll zu zeigen, daß er wieder da war. Es scheint außer Frage zu stehen, daß es mit der schwarzen Lederjacke mehr auf sich hat als mit einem schlichten zweckmäßigen Kleidungsstück. Wenn man sie losgelöst von unserer Soziologie und unserer Zivilisation betrachtet, wirkt sie gar nicht so, als stecke mehr dahinter: Taillenlänge, unaufdringlicher Kragen, Ärmel, ein paar Reißverschlüsse, ein paar Nieten, vielleicht ein oder zwei Schnallen, ein idealer Wetterschutz für Motorradfahrer und Flieger und alle anderen, die Geschmack darin finden, bei schlechtem Wetter im Freien oder in der Natur zu sein. Oberflächlich betrachtet müßte der Ruf der schwarzen Lederjacke positiv besetzt sein und Gesundheit und Naturverbundenheit ausdrücken. In ihrer üblichen, schlichten Form ist sie frei von Fransen und Rüschen, und sie hat keine aufreizenden Schlitze oder sonstigen Dinge, die von je her mit Verbrechen, Gewalttätigkeit oder pathologisch-sexueller Abnormität assoziiert wurden. Eigentlich müßte sie ein besonders biederes, traditionsreiches Kleidungsstück ohne verborgene Bedeutung sein. Aber das ist sie nicht.

Diese unausweichliche Tatsache läßt nur noch zwei Möglichkeiten offen. Einerseits müssen wir davon ausgehen, daß eine natürliche Veranlagung alle Arten von Schlägern, Soziopathologen, Rockmusikern und Polizisten einen überwältigenden Drang verspüren läßt, sich von der Taille aufwärts in glänzendes schwarzes Leder zu kleiden. Das scheint sich jedoch kaum mit irgendeiner Logik vereinbaren zu lassen. Die Woge ist schlicht zu groß, denn die Geschichte der schwarzen Lederjacke umspannt mindestens sieben Jahrzehnte und erstreckt sich geographisch, wenn man die längere Strecke wählt, von den australischen Surfern bis zur Polizei von L.A. Es muß also um mehr als nur den gleichen Geschmack gehen. Wenn wir diese Argumentationsgrundlage somit abtun, geraten wir auf ein recht entlegenes Territorium. Wir müssen nämlich vermuten, daß dieses Kleidungsstück auf irgendeine Weise in der Lage ist, seinen Träger mit einer gewissen Macht auszustatten und vielleicht sogar die Aggressivität herauszustreichen, für die Leute in schwarzen Lederjacken bedeutsamerweise berüchtigt sind. Stehen wir etwa vor der Möglichkeit, daß wir es mit der wahren Magie des zwanzigsten Jahrhunderts zu tun haben?

(Man kann natürlich als ein Argument vorbringen, daß der einzige Grund, aus dem sich der Junge in der Lederjacke mächtig fühlt, der ist, daß andere Leute dazu neigen, in Gegenwart von jungen Männern in schwarzen Lederjacken nervös zu werden, und das nur wegen

Eine gewisse Ironie bestand darin, daß gleichzeitig mit den jugendlichen Delinquenten auch die Polizisten die schwarze Lederjacke übernahmen.

des Rufes, der diesem Kleidungsstück vorauseilt. Das würde voraussetzen, daß die ganze Legende mit einem einzigen Kerl in einer schwarzen Lederjacke angefangen hat, der einen unschuldigen Passanten zusammengeschlagen hat und daß dann eine Eskalation eingesetzt hat. Glauben Sie das wirklich? Ich würde mich in dem Fall lieber für die Magie entscheiden.)

Nicht etwa, daß es besonders leicht ist, in diesem von Angst bestimmten Jahrzehnt von Magie zu sprechen. Die achtziger Jahre haben wenig mit Mystik am Hut, und Mystik zieht nicht mehr. Die Schwemme von jungen Leuten, die einst Carlos Castaneda verschlungen haben, als gäbe es kein Morgen (und auch kein Gestern und kein Heute, weil in der kosmischen Einheit alles dasselbe ist), blicken jetzt verstohlen mit wachsamen Augen auf Rentenversorgungspläne. In den vorfabrizierten Alpträumen des Kinos sind *Der Exorzist* und der Rest der Pop-Dämonologie der siebziger Jahre von dem Psychopathen in der Eishockeymaske abgelöst worden, der sich mit einem elektrischen Tranchiermesser an den Schlafsaal der Mädchen heranpirscht. Der progressivste Bereich der zeitgenössischen Musik hat sich von der Leidenschaft freigekauft und ist zu formaler elektronischer Tanzmusik geworden. Das *Time Magazine* teilt uns mit, daß die sexuelle Revolution aus und vorüber ist und daß der Neue Zölibat schon lauernd an der Ecke steht, während wir in den Boutiquen entweder mit Neuauflagen vom Vorjahr oder mit Visionen der Apokalypse konfrontiert werden. Der Gebrauch des Wortes ›Magie‹ ist so gut wie vollkommen säkularisiert worden. Liberace ist ›magisch‹, ein Sonnenuntergang auf Hawaii ist ›magisch‹. Die Yankees sind ›magisch‹. Lemon Pledge ist ›magisch‹. Die einzige aktive ›Magie‹ wird von jungen Zauberkünstlern mit langem Haar und Glitzeranzügen durchgeführt, die auf den Bühnen der Casinos von Las Vegas und Atlantic City Tiger verschwinden lassen.

Und dennoch ist die Welt vielleicht nicht ganz so säkularisiert, wie es im ersten Moment den Anschein hat. Wenn wir unter die Oberfläche vordringen und unter die weltlichen Aspekte schauen, brodelt das Ungewöhnliche so heftig vor sich hin wie eh und je. Vielleicht haben wir uns von Tolkien abgewandt, doch wir schließen Stephen King mit all seinen spontanen Tumulten, seinen paranormalen Kindern und seinen Bernhardiner-Vampiren rückhaltlos ins Herz. Wir haben klare Vorstellungen davon, was uns zustoßen wird, wenn wir unser Hotel oder unsere Mietskaserne auf einer alten indianischen Begräbnisstätte aufbauen. UFOs und der Geist Elvis Presleys wetteifern immer noch mit Michael Jackson um die Titelseite des *National Enquirer*, und in Kalifornien kann man sich für Geld Unterricht im Laufen über glühende Kohlen geben lassen. Im Mittleren Osten finden wir islamische Fundamentalisten, die bereit sind, für Allah zu sterben. In amerikanischen Kleinstädten finden wir christliche Fundamentalisten, die bereit sind, für Jesus Atombomben zu werfen. Der Papst reist im Zickzack um die Welt und hält katholische Woodstocks ab. Es gibt immer noch jede Menge Magie, aber es gelingt uns nicht immer, sie als solche zu erkennen.

Unser mangelndes Erkennen ist weitgehend darauf zurückzuführen, daß wir darauf beharren, uns unter Magie etwas absolut Mittelalterliches vorzustellen. Jede Magie, die in diesem Zwielicht des zwanzigsten Jahrhunderts wirksam sein kann, muß sich in einer Kultur durchsetzen, die sich davor fürchtet, sich durch ihre Mikrowellenherde Krebs zu holen, und die sich im Fernsehen die x-te Wiederholung von *Invasion of the Crab*

Monsters (Angriff der Krabbenmonster) ansieht. In diesem Kontext ist es schon viel leichter, sich die schwarze Lederjacke, wenn schon nicht als aktiv wirksamen Talisman, so doch als verläßliches und potentiell einflußreiches Totem anzusehen.

Jedenfalls besteht ein enger Zusammenhang zwischen der mittelalterlichen und der modernen Magie — und dieser Zusammenhang ist in der schwarzen Lederjacke verkörpert. Die Parallele zwischen der Lederjacke und der Rüstung des Mittelalters ist nicht soweit hergeholt und auch nicht so romantisch bizarr, wie es auf den ersten Blick erscheinen könnte. Sicher, bei mir war es die Fantasie eines pubertären Knaben, aber sie hat zumindest eine gewisse Basis, die sich auf Tatsachen begründet. Fangen wir damit an, daß eine Lederjacke wirklich ein größeres Maß an körperlichem Schutz bietet. Das kann jeder Motorradfahrer, der gerade von seinem Motorrad gefallen ist und über die rauhe Straßenfläche schlittert, bestätigen, aber auch jeder erfahrene Schläger, dem durchaus bewußt ist, daß Leder einen besseren Schutz gegen Messer, Schlagringe, abgebrochene Flaschenhälse, Ketten und scharfe Rasierklingen

In *Girl On A Motorcycle* (Nackt unter Leder) wurde Marianne Faithfull zum Freiheitstraum der sechziger Jahre.

bietet als dünne Leinenstoffe. Eine Rüstung war schon immer etwas, was für sich beanspruchte, ernst genommen zu werden. Im dreizehnten Jahrhundert sprach niemand leichtfertig oder frivol darüber, daß Soundso ›in seinem Metallzeug‹ rumläuft. Ein Mann, der in einer Rüstung steckte, war wirklich ein Individuum, mit dem man sich nicht anlegte. Beim Anblick eines Mannes in einer Rüstung war der Bauer in seiner geflickten, fadenscheinigen Kleidung gut beraten, wenn er sich rar machte und sich im Gebüsch versteckte, bis der menschliche Panzer vorübergezogen war.

Es spielt nicht wirklich eine Rolle, ob derjenige, der in der Rüstung steckt, ein Kreuzritter im Kettenhemd oder ein Hell's Angel in einer Motorradjacke ist. Einiges Grundsätzliche läßt sich auf beide anwenden. Die Rüstung dient einem Zweck und verleiht eine Identität. Der Mann in der Rüstung stellt seine Macht zur Schau. Vielleicht sucht er keinen Ärger, aber er ist zumindest gut vorbereitet für den Fall, daß es doch Ärger gibt. Das muß einen Teil des offensichtlichen Reizes ausmachen, den dieses Kleidungsstück auf Jugendliche ausübt. Die Mehrzahl aller Vierzehnjährigen ist noch auf der Suche nach einer Identität und sucht die Bestimmung in einer Welt, die die Existenz dieser Altersgruppe gar nicht wahrzunehmen scheint. Alles, was jemandem, der sich im großen und ganzen völlig machtlos fühlt, ein Gefühl der Macht verleihen kann, muß große Anziehungskraft auf denjenigen ausüben. Die Mehrzahl aller Heranwachsenden — und auch eine Menge Erwachsener — hätte außerdem gern das Gefühl, Personen zu sein, mit denen sich andere nicht anlegen. Wenn die Welt feindselig und gefährlich erscheint, dann ist es ein angenehmes Gefühl zu wissen, daß die Bauern fortlaufen und sich im Gebüsch verstecken werden, wenn

man vorbeistolziert. Nie ist das Bedürfnis nach einer psychologischen Rüstung größer als in den Jahren kurz vor und nach der Pubertät. Sowohl der Lederpanzer als auch der Plattenpanzer geht über die Schaustellung einer Identität hinaus. Das Hemd eines Bowling-Clubs oder eines anderen Vereins will eine Identität ausdrücken, aber es ruft wohl kaum bestimmte Ängste wach oder löst Ehrfurcht aus. Der Ritter in seiner Rüstung und der Motorradfahrer in der Lederjacke waren und sind etwas anderes. Beide legen so großen Nachdruck darauf, die Vorstellung von Macht und potentieller Aggressivität zu vermitteln, daß diese Kleidungsstücke für den Träger schnell zu einem sehr persönlichen Fetisch werden. Der Ritter schmückt und verziert seine Rüstung, um noch beeindruckender und gefährlicher zu wirken. Mittelalterliche Rüstungen waren mit jeder Form von religiösen Symbolen versehen, mit Zeichen der Gunst der Damen, mit Glücksbringern und auch mit modischem Schmuck. Heinrich VIII. gab, als er zwischen den Hinrichtungen seiner abgenutzten Ehefrauen einen Moment lang Zeit fand, eine Plattenrüstung zum Schutz seiner üppigen Körperfülle in Auftrag, die ganz mit winzigen pornographischen Eingravierungen übersät war.
Die Verzierungen der Rüstung und des dazugehörigen Schildes gehörten zum komplizierten Gebiet der Heraldik. Das Vieren des Wappenschildes eines Ritters und die Wappen auf dem Stoffumhang, der häufig über der Rüstung getragen wurde, gaben klaren Aufschluß über die Lehenstreue des Kämpfers, über seine Vorfahren und sogar über seine legitime oder auch nicht legitime Geburt. Eine Ironie liegt in der Parallele, daß die Motorradfahrerbanden der modernen Welt ebenfalls eine Art von Wappenrock in Form der altbekannten ausgefransten Jeansjacke tragen, welche

über dem unumgänglichen schwarzen Leder getragen wird. Auch sie übermittelt allerlei Informationen über ihren Träger. Sie verkündet der Welt den Namen des Clubs, mit dem er fährt und seinen Stand in der Hierarchie dieses Clubs, wogegen das Ausmaß der Unfreundlichkeit des Clubabzeichens – Totenschädel, Dämonen und Adler waren bei Motorradfahrern immer groß geschrieben – das Maß der kollektiven Schlechtigkeit ausdrückt, die sie anstreben.

Während manche Verzierungen nichts weiter als reiner Schmuck sind, besagen andere demjenigen, der mit Motorradfahrerparaphernalien vertraut ist, etwas darüber, welche Drogen und welche sexuellen Varianten der Träger bevorzugt. In den sechziger Jahren war es unter den Hell's Angels – die für alle, bis auf ein paar besonders exotische schwarze Clubs, die auf die Hörner von Rindern auf Sturzhelmen im Wikingerstil abfahren, die Trendsetter zu sein scheinen – verbreitet, die Flügel der Piloten der amerikanischen Luftwaffe in verschiedenen Farben zu emaillieren, um zu zeigen, daß sie, unter anderem, Marihuana rauchten, Amphetamine schluckten und oralen Sex praktizierten.

Für eine große Mehrheit der breiten Öffentlichkeit ist der erschreckendste Aspekt an dem, was die Motorradfahrer – und in den späten siebziger Jahren die Punkrocker – zur Schau stellen, das Übernehmen von Nazi-Symbolen. Die übliche Erklärung dafür lautet in beiden Fällen in etwa so, daß sie diese Philosophie nicht wirklich ins Herz geschlossen haben und auch keine Konzentrationslager errichten wollen, sondern die Nazisymbole nur einsetzen, um den seichten, oberflächlichen Mitbürgern den größtmöglichen Schock zu versetzen. Das Eiserne Kreuz, das Hakenkreuz und der Wehrmachtshelm schaffen jedoch eine direkte Verbindung zum Reich der Magie des zwanzigsten Jahrhunderts. Das Hakenkreuz geht bis auf die Wurzeln des indoeuropäischen Symbolismus zurück. In all dieser Zeit, fast bis hin zur Vorgeschichte, ist es mit Sonne, Fruchtbarkeit und Glück in Verbindung gebracht worden. Es war allerdings ein Hakenkreuz, bei dem die rechtwinkligen Streben gegen die Uhrzeigerrichtung standen. Als in den zwanziger Jahren unseres Jahrhunderts Joseph Goebbels die grundlegenden Merkmale für den eigenen Stil des Nazis festlegte, wurde das Kreuz umgedreht. Die rechtwinkligen Enden weisen jetzt im Uhrzeigersinn ihre veränderte Anordnung auf. Ob dies ein bewußtes Vorgehen oder lediglich ein Versehen war, das mit bösem Omen behaftet war, ist seit der Geburt des Dritten Reiches diskutiert worden. Welche Antwort auch zutreffend sein mag – es ändert nichts am Ausgang. Die Umdrehung verkehrte auch die mystischen Konnotationen dieses historisch symbolträchtigen Zeichens in ihr Gegenteil. Anstelle von Sonne, Fruchtbarkeit und Glück repräsentierte es jetzt die diametral entgegengesetzten Dinge. Nach den Grundlagen des überlieferten Volkstums und der Magie stand es jetzt für Dunkelheit, Tod und das größte aller Übel. Und all das war entsetzlich zutreffend, wenn man die glasigen Augen und die Stechschrittbrutalität betrachtet, die den Nazifahnen folgten. So schade es auch ist, aber die Nazis spielen eine unerfreulich große Rolle in jeder Geschichte der schwarzen Lederjacke.

DEUTSCHE EINFLÜSSE

Von Richthofen (Mitte) mit Piloten seines Jagdgeschwaders.

Ich bin mir zwar nicht sicher, aber ich glaube, man kann von der Annahme ausgehen, daß die Deutschen diejenigen waren, die das Kleidungsstück, aus dem sich mit der Zeit die gängige schwarze Lederjacke entwickelt hat, tatsächlich erfunden haben. Mit Sicherheit haben die Deutschen schon seit Urzeiten Leder getragen. Jahrhundertelang sind, zum großen Erstaunen Fremder, die bayerischen Männer in Lederhosen herumgesprungen.

Im Ersten Weltkrieg war schwarzes Leder den Fliegern vorbehalten. Im Zweiten Weltkrieg wurde es zum Statussymbol von Psychopathen.

Oben: Ein britischer Flieger im Ersten Weltkrieg.
Gegenüber von links nach rechts: Ein Anführer eines Geschwaders, Adolf Hitler, Feldmarschall Erwin Rommel und Dr. Goebbels.

Natürlich sind uns alle Arten von Lederbekleidung vertraut, seit der erste Höhlenmensch das Fell von seinem oder ihrem Lendenschurz geschabt hat. Wenn man Hollywood glauben darf, haben die Revolverhelden im Westen Annäherungen an die Lederjacke des Motorradfahrers getragen, und der Henker von Elizabeth I. wäre neben Judas nicht weiter aufgefallen. Ich fürchte, ein großer Teil dessen ist Geschichtsfälschung, die absichtlich betrieben wird, denn die historischen Tatsachen werden nur im Hinblick darauf entstellt, einem Publikum von Teenagern zu gefallen. Wenn wir uns damit begnügen, die Ursprünge der schwarzen Lederjacke im zwanzigsten Jahrhundert zu suchen, dann brauchen wir nicht weiter zurückgehen als auf die deutschen Flieger im Ersten Weltkrieg – auf den Roten Baron und seine Truppe. Es ist recht wahrscheinlich, daß damals irgendwann ein erfolgreicher junger Schnösel beschloß, es müßte doch todschick sein, wenn er sich von seinem Schneider eine kürzere Version des normalen langen Ledermantels anfertigen ließe, der damals bei Fliegern und motorisierten Meldefahrern zum gewohnten Erscheinungsbild gehörte. Außerdem ist es wahrscheinlich, daß dieser Prototyp eher im Hinblick darauf entworfen worden ist, nach Dienstschluß in den Bars eine gute Figur zu machen, als für den Kampf, denn der normal lange, gewöhnlich fellgefütterte Mantel war für den Gebrauch in den kühlen, witterungsausgesetzten Kanzeln der Flugzeuge der damaligen Zeit weitaus geeigneter.

Diese verwegenen jungen Männer mit ihren Flugmaschinen waren im Ersten Weltkrieg ohnehin nicht typisch. Dreihundert Meter über dem endlosen Schmutz und dem aufreibenden Grauen der Schützengräben schwebten sie dahin und kämpften mit einer Form von Chic und Großspurigkeit, ja, sogar im Sinne eines Wiederauflebens der Kavallerie, Zügen, die völlig unvereinbar mit dem schäbigen Gemetzel auf dem Erdboden waren. Wenn man romantischen Erinnerungen glauben darf, dann lebten sie in einer stilisiert unwirklichen Welt mit Champagner am Abend und Tod am Nachmittag. Von Richthofen selbst hielt sich ein Löwenjunges. Hermann Göring begründete das Image für seine späteren Ausschweifungen als Hitlers Beauftragter – zu denen, neben Verbrechen an der Menschheit, auch eine Vorliebe für kleine Jungen, rosa Seidenuniformen und Morphium zählten.

In der gesamten Geschichte der schwarzen Lederjacke ist recht durchgängig der deutsche Einfluß zu finden. Neben einer Besessenheit von einem dunklen arischen Quasimystizismus und einer unseligen Leidenschaft für Symbole und Insignien zementierten die Deutschen auch das Fundament der Beziehung zwischen Bedrohung und schwarzem Leder. Wieder finden wir uns in einem Märchen von Rittern in Rüstung. Einer der Grundzüge der Nazi-Mythologie bestand darin, sich vorzumachen, Hitlers Armeen seien gewissermaßen eine Reinkarnation der teutonischen Kreuzritter, die durch eine Welt von Horden von Untermenschen zogen. Wieder einmal war das schwarze Leder ein Ersatz für Kettenhemden und Plattenpanzer. Die Gestapo war zwar als eine Einheit der Geheimpolizei gedacht, doch sie neigte dazu, durch Schlapphüte und knöchellange schwarze Rinderhäute aufzufallen. Die SS-Panzerdivisionen trugen ihren Ehrgeiz, die Welt zu erobern, mit schwarzen Feldmützen, Stiefeln und schicken Lederjacken zur Schau, die denen nicht unähnlich waren, die zwei Jahrzehnte später von Rokkern getragen wurden. Auch die Kampfflieger der Luftwaffe und selbst die Besatzungen von U-Booten übernahmen Varianten dieser

Der Rote Baron. John Philip Law in *Von Richthofen and Brown* (Manfred von Richthofen – der Rote Baron). Kleines Bild: Der echte Manfred von Richthofen.

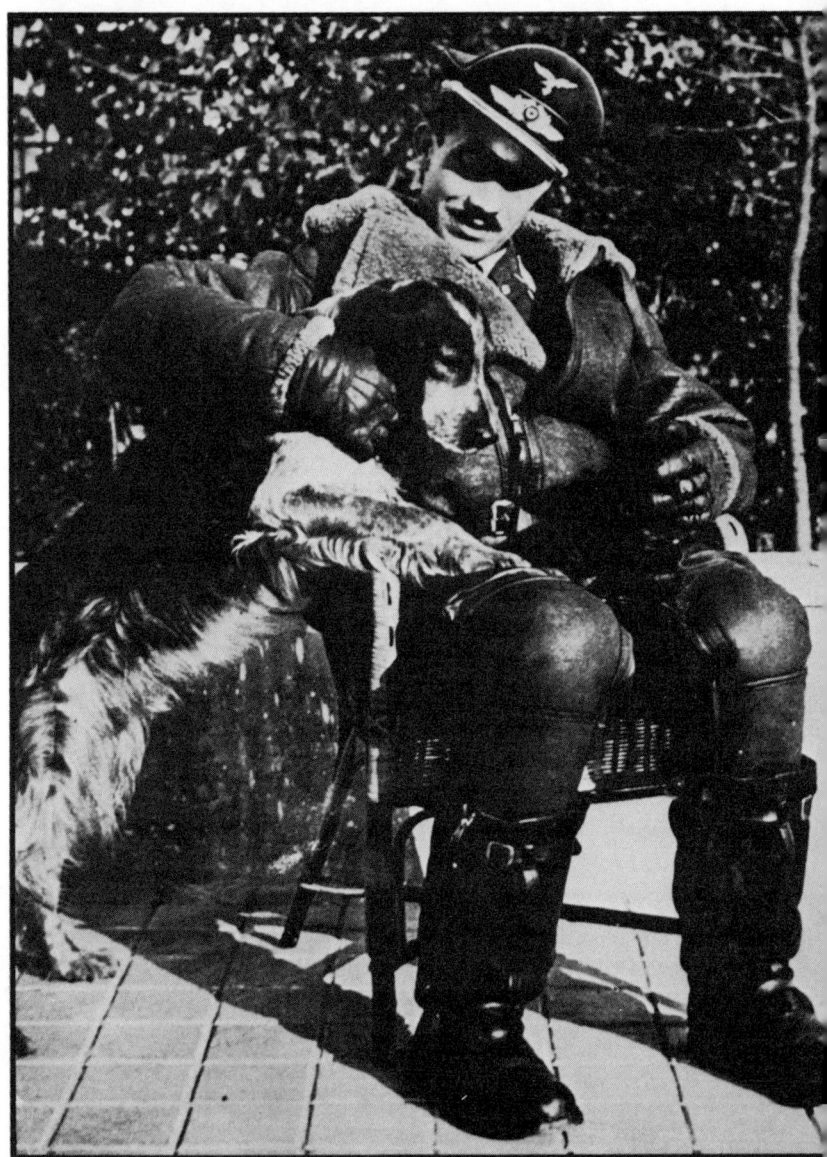

Kleidung. Gekrönt wurde das Ganze davon, daß keiner der deutschen Oberbefehlshaber, Hitler inbegriffen, sich ohne eine größere Ledergarderobe wirklich gut ausgestattet fühlte.

Selbst nach dem Untergang des Dritten Reiches 1945 ließ der deutsche Lederfetischismus kaum nach. Angefangen mit *Der dritte Mann* kostümierten beliebte Sagen der Besatzungszeit – Liebe und Tod zwischen den Ruinen von Berlin oder Hamburg – ihre Schurken (Gangster, Schwarzmarkthändler oder Verbrecher auf der Flucht) mit abgelegter Nazi-Kleidung. Die *femme fatale*, die sich für ein Päckchen Lucky Strike, eine Flasche Whiskey oder ein Paar Nylonstrümpfe verkaufte, war an Stiefeln und glänzendem Schwarz zu erkennen. Wenn der Nationalsozialismus auch geschlagen war, so hielt seine Mode doch an.

Adolf Galland, Luftwaffe, Zweiter Weltkrieg.

Das Problem bestand darin, daß sie so verdammt cool aussahen. Die Nazi-Uniformen, -flaggen und -abzeichen waren auf den klaren Zweck hin entworfen worden, einen überwältigenden Eindruck von Macht zu vermitteln, und Macht übt immer ihren Reiz aus. Ohne größere Überlegungen zu den langfristigen Konsequenzen anzustellen, beuten die Massenmedien weiterhin diese Anziehungskraft aus. Es gibt nur wenige männliche Filmstars, die nicht an irgendeinem Punkt ihrer Karriere die Gelegenheit ergriffen haben, in einer Nazi-Uniform herumzuspazieren. Von Viscontis *Die Verdammten* bis zu Mel Brooks' *The Producers* (Frühling für Hitler) wird diese Bildwelt wieder und immer wieder breitgetreten. Selbst in der Fernsehserie *Star Trek* (Raumschiff Enterprise) kommt eine Episode vor, in der das Raumschiff Enterprise auf einen Planeten voller Nazis trifft (›Muster der Macht‹).

Selbst ohne den direkten Einfluß der Nazis scheinen die Deutschen schon immer von dem Tick besessen gewesen zu sein, in schwarzer Ledermode voranzustürmen. Als sich 1956 Horst Buchholz in *Die Halbstarken* als der deutsche James Dean auswies, ging er einen Schritt weiter als jeder andere in einem Film über Teenagerbanden beidseits des Atlantiks. Er trug nicht nur eine schwarze Lederjacke, sondern zudem noch eine schwarze Lederhose, und damit kam er Gene Vincent um vier Jahre und Jim Morrison um ein volles Jahrzehnt zuvor.

Als die Beatles 1960 nach Hamburg kamen, lagen die Deutschen, was den normalen Lederlook der Straßenkleidung anging, immer noch in Führung. Es war nur natürlich, daß der früh verstorbene Stuart Sutcliffe, der beträchtliche Mengen von Zeit damit verbrachte, James-Dean-Posen einzustudieren, möglicherweise, um damit seine Unfähigkeit als Bassist auszugleichen, das Horst-Buchholz-Image voll übernahm. Die anderen zogen schließlich mit, und so führte er das typische Erscheinungsbild ein, das die Beatles erstmals auf dem Weg zum Ruhm Fuß fassen ließ. Das spielte wahrscheinlich auch eine wesentliche Rolle, als es Brian Epsteins Interesse für sie erwachen ließ. Auf alle Fälle scheint das schwarze Leder Epstein ernstlich aus der Fassung gebracht zu haben, und er vergeudete keine Zeit, sondern steckte die Beatles so schnell wie möglich in diese blöden Pierre-Cardin-Anzüge. Aus den Tiefen seiner ureigensten Neurose heraus glaubte er, Leder sei ein ganz privates Laster, von dem sich alle rechtschaffenen Menschen abstoßen ließen.

Spencer Tracy mit
der Original-Lederjacke in
Dreißig Sekunden über Tokio.

DIE GROSSEN IDOLE

Kirk Douglas schlägt in *Champion* (Zwischen Frauen und Seilen) um sich.

Es war nicht nur eine Frage der Deutschen in den Nachwehen des Ersten Weltkriegs; das Bild des verwegenen Fliegers hatte sich in den Fantasien beider Seiten festgesetzt. Während die Deutschen es reglementierten und in den Nationalsozialismus aufnahmen, ging es bei den Briten und den Amerikanern — insbesondere bei den Amerikanern — in die Fiktion ein. Jede erdenkliche Kombination aus der Lederjacke des Fliegers, einem Seidenschal und Reitstiefeln galt als die inoffizielle Tracht einer bestimmten Art von Aben-

Die Lederjacke vor den Hipster-Zeiten. Errol Flynn und David Niven in *The Dawn Patrol* (Patrouille im Morgengrauen).

teurern, die auf eigene Faust loszogen, der Sorte Abenteurer, die durch die Welt zogen und unschätzbare alte Kunstgegenstände raubten, Tierarten in bedrohliche Nähe des Aussterbens brachten und sich als Agenten und Spione betätigten. In Großbritannien gab es Biggles, in Amerika Steve Canyon, und natürlich ist es dasselbe Bild, das Spielberg als Indiana Jones auferstehen hat lassen. Trotz der überragenden Summen, die er eingespielt hat, war Indiana Jones in Wirklichkeit nur eine der Variationen dieses Genres. Er war der Hochschulabgänger mit dem verbeulten Hut, dem Lasso und dem festen Schuhwerk — mir ist durchaus klar, daß Indiana Jones eine braune Lederjacke trägt, aber um weiterzukommen, müssen wir ein Auge zudrücken — der Archäologe, der im Namen der Wissenschaft die goldenen Idole der Ureinwohner mitgehen läßt. Es gab eine Sorte von Draufgängern, die ganz typisch in dem Comic Strip der dreißiger Jahre *Terry and the Pirates* verkörpert ist, gewöhnlich in einem Catalina-Flugboot, und sie ließen sich mit Tongs, japanischen Agenten und Drachendamen ein. Andere hatten Hutbänder aus Leopardenfell, blieben in Afrika und hatten Probleme mit Medizinmännern und untergegangenen Kulturen. Möglicherweise einer der bizarrsten war *Blackhawk*, ein Comic von 1941, und diese Serie wird trotz zahlreicher Veränderungen in stilistischer Hinsicht bis heute fortgesetzt.

Blackhawk lebte mit seiner geheimen Kampffliegerschwadron auf einer geheimen Insel, einer Truppe von Glücksrittern, die alle denselben Flugzeugtyp flogen und schicke, wenn nicht schon fast sadomasochistische Uniformen, schwarz und mit Abziehbildern von Falken auf der Brust, und Stulpenstiefel trugen. Blackhawk und seine Männer waren in ihrer Kleidung und in ihrem Verhalten faschistischer als die Faschisten, gegen die sie kämpften.

Das Genre reichte sogar bis in die Zukunft hinein. In der 1938 gedrehten Serie *Buck Rogers* tauchen Buck und sein männlicher Gefährte Buddy, als sie nach einem vierhundertjährigen Schlaf im Polareis aufgetaut werden, gepflegt und ordentlich in schwarzen Lederjacken, Reithosen und Stiefeln auf.

Diese Abenteurer auf eigene Faust wurden im Film, in Schundheften und in Comics ausnahmslos als die Guten dargestellt. In *Tarzan* kamen sie so ziemlich das einzige Mal schlecht weg. Tarzan, den die Affen großgezogen hatten, sah das Bewahren der Natur und der Tierwelt und die Ausbeutung der Eingeborenen unter völlig anderem Blickwinkel.

Es spielte sich aber nicht alles nur in der Vorstellung ab. Die Lederjacke war nicht nur als ein konkretes Bild aus dem Krieg heimgekehrt, sondern auch als ein praktisches und nützliches Kleidungsstück. In den dreißiger Jahren wurde sie in Amerika von der Schwerindustrie bevorzugt: von Hafenarbeitern, Lastwagenfahrern und Bauarbeitern. Sie war zwar praktisch und strapazierfähig, aber es ging auch ein gewisser Glanz von ihr aus. In dem Punkt stand sie für einen endgültigen, wenn auch nicht bejubelten, sozialen Fortschritt. Bis dahin war es dem Arbeiter nur in seiner Freizeit gestattet, sich modisch zu kleiden. Es gab zwei Formen von Arbeitskleidung: entweder den unförmigen Overall oder einen ehemals guten Anzug, der von zu vielen Samstagabenden abgetragen und ausgebeult war. Als sich in der Lederjacke die praktischen und die modischen Eigenschaften trafen, war es endlich möglich, der täglichen Plackerei mit einem gewissen Chic zu begegnen. Das andere vorzügliche Beispiel für diese glückliche Verbindung des praktischen und des modischen Aspekts ist natürlich der liebste Gefährte der Lederjacke, die Jeans. Selbst Mitte der sechziger Jahre, als die modischen Trends ihren Höhepunkt erreichten, gab keine geringere als Mary Quant zu, daß kein Modeschöpfer auf Erden herumläuft, der die typische Bluejeans verbessern könnte. Die Lektion, die der *haute couture* im zwanzigsten Jahrhundert erteilt worden ist, und zwar von der Kriegs- und von der Arbeitskleidung, ist die, daß in einem Kleidungsstück, das dafür entworfen ist, seine Funktion zu erfüllen, eine einzigartig reine Ästhetik liegt.

Die Lederjacke war etwas, was keine Aristokratie oder Elite mehr für sich gepachtet hatte. Die Anhänger des Roten Barons hatten sie abgelegt, als sie nach dem Krieg wieder in ihre Schlösser zurückgekehrt waren. Abseits der Fiktion eines Indiana Jones und der Realität der Nazis wurde die Lederjacke von Joe und Bill am Fließband oder an der Hafenmole übernommen. Sie erwies sich auf dieser Ebene als ein wahrhaft demokratisches Kleidungsstück. Diese Verbindung von Chic und Demokratie muß auch ihren Teil dazu beigetragen haben, daß eben dieselbe Lederjacke zur inoffiziellen Uniform der Internationalen Brigade im Spanischen Bürgerkrieg wurde. Ein Arbeiterheer, das sich gegen die Mächte des Dunkels auflehnte, brauchte keine Uniform, und die Männer erschienen im Overall, in Arbeitsstiefeln und in verbeulten Hüten. Schicke Uniformen, Litzen und Orden überließ man den Diktatoren

und ihren Sturmtruppen. Wenn die Wochenschauen im Ersten Weltkrieg die Lederjacke auf dem Rücken von Fliegern gezeigt hatten, die vor der Kamera Posen einnahmen, dann zeigten sie sie jetzt als das, was anfangs den Optimismus und dann die bittere, aber verhängnisvolle Entschlossenheit der Männer kleidete, die gegen Franco kämpften.

Von links nach rechts: Krankenwagenfahrer in Barcelona, 1937. Cooper in *For Whom The Bell Tolls* (Wem die Stunde schlägt). Mason in *Rommel – Desert Fox* (Rommel, der Wüstenfuchs).

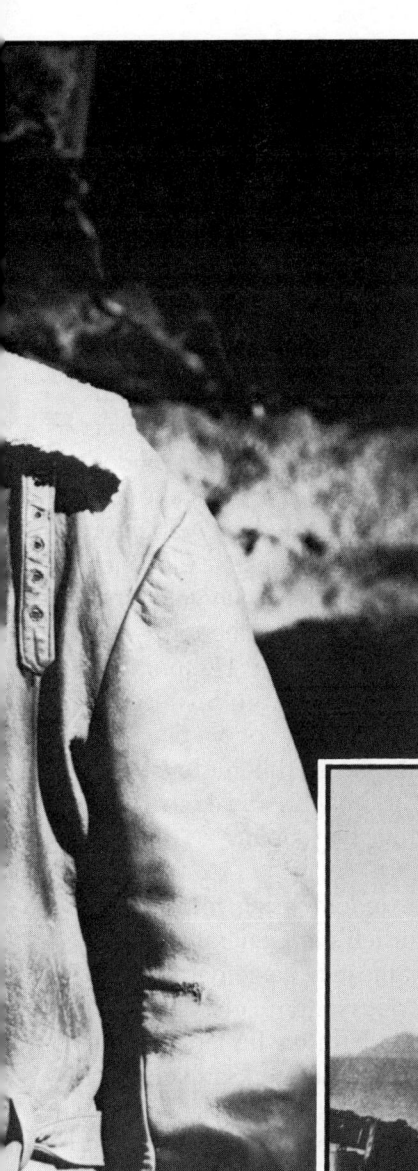

Das Leben und die Kunst schlossen schließlich den Kreis, als 1943 Gary Cooper die Rolle von Hemingways amerikanischem Söldner spielte, der in der Verfilmung von *For whom the Bell Tolls* (Wem die Stunde schlägt) auf der Seite der spanischen Republikaner kämpfte. Er war nach der gängigen Norm der Glücksritter von der Machart eines Indiana Jones gekleidet. Hemingway und der Regisseur, Sam Wood, hatten den üblichen fiktiven Abenteurer genommen, ihm ein soziales Gewissen gegeben und ihn in einen historischen Kontext gestellt. Der Rebell kämpfte für einen edlen Zweck, und sowohl das fiktive, als auch das reale Bild prägte sich dem Gedächtnis der Allgemeinheit unauslöschlich ein.

Das Bild der zwanziger und dreißiger Jahre war jedoch gar nichts im Vergleich dazu, wie der Zweite Weltkrieg dem Massenbewußtsein die Lederjacke einprägte, und sei es auch nur aus dem simplen Grund, daß für den Krieg buchstäblich Millionen von Lederjacken fabriziert wurden. Fast alle Kriegsherren bemühten sich, wobei die Nazis deutlich in Führung lagen, die Heere ins Feld zu führen, die am lässigsten und am selbstsichersten wirkten, und dabei spielte die Lederjacke eine entscheidende Rolle. Sobald die Feindseligkeiten ausbrachen, wurde sie zum Abzeichen der Elite und der Verwegenen. Die Nazis mit ihren Gestapo-Mänteln und ihren Panzer-Uniformen haben wir bereits angesprochen, aber der Umstand, daß die Nazis sich für einen solchen kulturellen Overkill begeisterten, heißt noch lange nicht, daß sich in den Lagern der Alliierten nicht genausoviel Prunk mit den Lederjacken abspielte. Das Geschwader in der Luftschlacht um England und die Besatzungen der B-17 trugen Lederjacken, die mit Lammfell gefüttert waren. Partisanen, Guerrillas und Widerstandskämpfer, sie alle trugen verschiedene Varianten der Lederjacke, die sich mehr oder weniger einer Uniform annäherten. Das entsprach der Haltung der Kämpfenden im Spanischen Bürgerkrieg vor ein paar Jahren. So ziemlich die einzige Großmacht, die kein Leder trug, war Japan.

In jedem Krieg müssen natürlich die Generäle am elegantesten gekleidet sein. In Kriegszeiten ersetzen sie durch ihren hohen öffentlichen Aufmerksamkeitswert Filmstars und Sänger. Männer wie Patton, Rommel, MacArthur, Göring und

Montgomery bauten eine Publicity auf, die der der Stars des heutigen Fernsehens entspricht. Generäle waren sich darüber bewußt, daß eine ihrer vorrangigsten Funktionen darin bestand, herumzustehen und für die Medien gelassen und überlegen zu wirken und entweder Landkarten zu studieren oder die armen Arschlöcher zu trösten, die in den wirklichen Schlachten kämpften, oder durch schicke Ferngläser in die Weite zu starren. Da der Durchschnittsgeneral gezwungen war, einen großen Teil seiner Zeit damit zuzubringen, Posen einzunehmen, war es nur natürlich, daß sich der Durchschnittsgeneral keine unerheblichen Gedanken darüber machte, welches Kleidungsstück sich am idealsten für das Posieren vor der Kamera eignete.

Es hatte Zeiten gegeben, zu denen ein General nichts anderes zu tun brauchte, um seine Eignung für diese Führungsposition unter Beweis zu stellen, als sich mit Goldlitzen und Orden zu behängen wie der sprichwörtliche Weihnachtsbaum. In einer Ära der Paraden und der Kavallerie-Angriffe mochte das das Richtige gewesen sein, aber für die technischen Anforderungen des Zweiten Weltkriegs konnte man sich nicht derart aufputzen.

Hier wurde die Lederjacke erstmals wirklich zu mehr als einem gewöhnlichen Kleidungsstück erhoben. Generäle und ihre Ratgeber verbrachten Stunden damit, einzigartige und individuelle Lederbekleidung für das Schlachtfeld zu entwerfen, die möglichst lässig wirkte. George S. Patton, so piekfein wie jeder Nazi, trug seine Lederjacke am liebsten auf fast klassische Art, mit Reithosen und blankgeputzten Reitstiefeln, einer Peitsche und einem polierten Stahlhelm; Erwin Rommel gab mit seinem wadenlangen Ledermantel eine gute Figur ab; er war vermutlich mehr damit beschäftigt, die optimale Schutzbrille zu ent-

werfen, die man auf einen spitzen Hut setzen konnte. (Rommels Unwilligkeit, sich groß herauszuputzen, kann eine Reaktion auf Görings übertriebenen Hang sein, sich exzessiv mit prunkvollen Einzelheiten in der Aufmachung zu beschäftigen. Göring ging sogar soweit, eine schwarze Lederjacke mit kontrastierendem weißem Revers zu entwerfen, ein Kleidungsstück, das erst 1977, auf der Höhe des Punk, in der Carnaby Street in London wieder aus der Versenkung auftauchte.) Montgomery war eher unauffällig, unternahm aber den Versuch, seine fellgefütterte Bomberjacke mit einer einzigartigen, typisch englischen Exzentrizität aus Wolle zu kombinieren, was an der Front praktisch zu sein schien, ihn aber unter modischen Gesichtspunkten wie den Schuljungen wirken ließ, der keinen blassen Schimmer hatte. Douglas MacArthur dagegen verwandte so viel Sorgfalt auf seine Erscheinung und sein Image, daß er mit seinen kunstvoll lässigen Lederjacken, seinem aufgestellten Kragen, seiner Fliegerbrille und der für ihn so typischen Maiskolbenpfeife die unbestrittene Autoritätsfigur der zweiten Hälfte des zwanzigsten Jahrhunderts wurde. Auf der ganzen westlichen Welt ist seine Mode von unbedeutenden Diktatoren, Polizeieinheiten, militärischen Truppen, Todeskommandos und privaten Sicherheitsorganisationen nachgeäfft worden.

Wenn die Generäle es so hielten, dann beschlossen alle anderen, es ebenso zu halten. Der Krieg hatte die Generäle zum Rollenvorbild für alle anderen gemacht. Die Lederjacke wurde auf den Rang eines Status-Symbols erhoben. Sie wurde zu einem Wertgegenstand, zu etwas, was gestohlen, verschoben, ergaunert und beim Poker als Pfand für den

Fantasie und Realität: Pilot im Zweiten Weltkrieg. Reagan und Flynn in *Desperate Journey*.

Einsatz gesetzt wurde. Der Lieferant hatte eine und der Ausfahrer hatte eine. Eine gutgeschnittene Lederjacke konnte aus einem unbedeutenden gemeinen Soldaten einen schillernden Kriegshelden machen. Sie dienten als Geschenke und wurden an Frauen, Mädchen, Kinder, Brüder und Witwen nach Hause geschickt; sie wurden eingetauscht, dienten neben Schokolade, Zigaretten und Nylonstrümpfen als eine Ware, gegen die man Plunder oder Frauen in den gerade erst befreiten Städten eintauschte.

Als eine zitternde, benommene und verwüstete Welt zu einem vergleichsweise zivilen Alltag zurückkehrte, stellte sie fest, daß ein Abfallprodukt des Krieges eine Schwemme von übriger Militärkleidung war. Die Lederjacke blieb der beliebteste dieser Artikel, insbesondere in den USA, in denen die konservative braune Variante sich als praktisches Kleidungsstück noch mehr unter den Arbeitern aller möglichen Sparten durchsetzte. Ihr eleganterer und beeindruckenderer schwarzer Verwandter wurde von zwei verschiedenen und oftmals entgegengesetzten Gruppen übernommen. Die eine Seite war die Polizei. In ganz Amerika wurde unter Verkehrspolizisten, Staatspolizisten, den Mitarbeitern der Sheriffs und den städtischen Streifenpolizisten die schwarze Lederjacke zu einem Teil der Uniformvorschriften erhoben, und dabei hatte man sicher das Bild vor Augen, das Patton in der Nachkriegszeit verkörperte.

Ein Großteil der Erscheinungs- und Verhaltensformen, die heute als selbstverständlich hingenommen werden, hat sich erst bei den Hipstern der späten vierziger Jahre und der frühen fünfziger Jahre herauskristallisiert. Viele waren vom Trauma des Krieges in den Überfluß des neuen, ungewohnten Friedens zurückgekehrt. Die explodierende Wirtschaft der Nachkriegszeit befreite sie von der Armut oder von einer absoluten Lohnsklavenarbeit, beides grundlegende Voraussetzungen in den dreißiger Jahren. Die expandierenden Massenmedien informierten sie in einem Maß, in dem bisher noch keine Generation vor ihnen informiert gewesen war, und eine gewaltige Menge dessen, was sie in diesen Medien sahen, gefiel ihnen gar nicht.

Es gab zwei entscheidende Ängste, die den Politikern der Vereinigten Staaten direkt nach dem Ende des Zweiten Weltkriegs Sorgen machten. Eine war die, daß eine Rückkehr zu einer Wirtschaft, die den Friedenszeiten entsprach, eine massive Depression beschleunigen und zu hohen Arbeitslosigkeitsziffern führen könnte, wie es schon in den zwanziger und dreißiger Jahren gewesen war. Die zweite Angst war die naheliegende Sorge, wie man sie jetzt kleinhalten und sie dazu bringen sollte, auf der Farm zu bleiben, nachdem sie nicht nur schnell Paris gesehen hatten, sondern Jahre damit zugebracht hatten, zu töten und getötet zu werden. Der Anstrich der Zivilisation mußte schleunigst erneuert werden. Die Antwort auf die erste Angst bestand darin, die Wirtschaftskanäle weit offen zu lassen. Anstelle der Produktion von Kriegswaren würden ein Konsumrausch und der Aufbau von Waffenfabriken für den Kalten Krieg treten. Das sollte Hand in Hand mit einem geballten Anreiz zum Konsum und einer geballten Konformität der Konsumgüter gehen. Der staatliche Traum der späten vierziger Jahre und der frühen fünfziger Jahre bestand darin, Produkte zu standardisieren. Es war eine *Leave-it-to-Beaver*-Vision einer gesamten Nation, die in demselben Anzugmodell herumlief und denselben Haarschnitt hatte, in identischen Häusern wohnte, die identisch eingerichtet waren, identische Wagen fuhr und genormte Kinder und Hunde hatte. Alle würden im selben Fernsehprogramm dieselben Sendungen sehen, und alle würden dieselben Ideale und Vorstellungen, denselben Glauben und dieselben Moralbegriffe haben.

Geistig zementiert würde all dies durch den Glauben an einen patriarchalischen Gott (und einen patriarchalischen

Von links nach rechts: John Wayne und Paulette Goddard in *Reap The Wild Wind* (Piraten im Karibischen Meer). Robert Redford in *The Great Waldo Pepper* (Tollkühne Flieger) und Harrison Ford in *Indiana Jones And The Temple of Doom* (Indiana Jones und der Tempel des Todes).

Präsidenten) und durch eine hysterische, nahezu metaphysische Angst vor dem Kommunismus, den man in dieser vollkommen genormten Welt mit Leichtigkeit aufdecken würde. Das erste Anzeichen war ein Abweichen von der Norm. Es war kaum ein Wunder, daß die Hipster angesichts derartiger Gewaltmaßnahmen revoltieren sollten. Was zu diesem Zeitpunkt jedoch niemandem klar war, war, daß diese Revolte in ihrer Ausformung und in ihren Verhaltensweisen das Fundament der gesamten Gegenkultur legen würde, die sich eindeutig bis heute fortgesetzt hat. Ohne die Hipster ist es höchst un-

wahrscheinlich, daß wir, ob im Guten oder im Bösen, jemals Elvis Presley, John Belushi, die Zeitschrift *Rolling Stone*, Sid Vicious, Nastassja Kinski, Clint Eastwood oder Divine so, wie wir sie kannten und kennen, gehabt hätten.

Jeder Aufstand braucht eine Uniform, und wenn es auch ein Fehler wäre, davon auszugehen, daß jeder Hipster eine schwarze Lederjacke im Schrank hängen hatte, dann hatte sie doch im harten Kern der Bewegung ihre Bedeutung. Die Wahrheit war die, daß Hipster in allen Spielarten vorkamen. Wir kennen nur zu gut den Schlapphut, der eine Form des städtischen Nachtlebens ausdrückte. Das ist auch der Punkt, an dem die Röhrenhosen, die taillierten Jacketts und die großen Sonnenbrillen einsetzen. Ebenso vertraut sind wir mit den Bohemiens, ihren Verwirrungszuständen, ihren Amphetaminen und ihren Freundinnen, die wie Juliette Greco aussehen. Dort findet man nicht allzu viele Lederjacken. Wir neigen dazu, einen vereinzelten Hipster wie Charlie Starkweather nicht mit den anderen in Zusammenhang zu bringen, der sich seine existentialistischen Inputs in der Öde von Nebraska durch zufällige Massenmorde holt, aber er ist der Inbegriff der schwarzen Lederjacke. Charlie Starkweather behielt sein Gesicht, als er auf dem Weg zum elektrischen Stuhl dem Rotary Club sagte, sie könnten ihn am Arsch lecken.

Die bekannteste Legende des Hipsters, die im nachhinein von den Medien erkannt und ausgeschlachtet wurde, war Jack Kerouac in einer Lederjacke, der sich auf einer Triumph Twin Tiger mit einem Camus als Taschenbuchausgabe in der einen Gesäßtasche seiner zerrissenen Hose und einer Halbliterflasche I. W. Harper in der anderen einen Pfad durch die Windungen von Big Sur schlängelte. Die Wahrheit war etwas schillernder und zeitweise weitaus kläglicher. Es gab einen gewissen Prozentsatz von Männern, die aus dem Krieg in Europa und im Stillen Ozean zurückkehrten und keine Möglichkeit in sich sahen, sich mit dem Besänftigungsprogramm ›Willkommen zu Hause‹ abzufinden. Es ist schwer, sich damit abzufinden, im Supermarkt einzutüten, wenn man in einer B 17 gesessen und aus der Hüfte geschossen hat. In Kalifornien war der Kult um die Personentransportmittel bereits am Laufen, und das Motorrad war nonkonformistisch genug, um die subjektive Aussage zu machen, daß man nicht bereit war, das mitzuspielen, was die Massengesellschaft für einen geplant hatte.

In einem Zeitraum von nur wenigen Jahren nach dem Zweiten Weltkrieg sollte das Bild der schwarzen Lederjacke und der Motorradstiefel unwiderruflich mit Chaos und Gewalttätigkeit verknüpft werden, und das Bild der schwarzbejackten und jeanstragenden Schläger sollte sich dem kollektiven Bewußtsein der Mitte des zwanzigsten Jahrhunderts als ein vorrangiger Stereotyp einprägen. Das Motorradfahrertreffen in Holister, Kalifornien, am 4. Juli 1947, bei dem auf Zeit und auf Geschicklichkeit gefahren wurde, erwies sich im nachhinein als die allererste große Zusammenkunft einer ganz neuen Sorte von wilden, jungen Motorradfahrern, unter denen viele GIs waren, denen es schwerfiel, sich wieder anzupassen. Rund drei- bis viertausend Motorradfahrer tauchten an diesem Wochenende auf und stellten fest, daß alles, was zwischen ihnen und einer Neuverfilmung von *Sign of the Pagan* stand, eine besorgte, sieben Mann starke Polizeimacht war.

Hunter S. Thompson beschreibt das Ergebnis dieser Feststellung in seinem Buch *Hell's Angels*:

Die Meute geriet zusehends außer Rand und Band. Bei Einbruch der Dämmerung war der gesamte Ortskern mit leeren, zerbrochenen Bierflaschen übersät, und die Motorradfahrer führten auf der Hauptstraße Dragsterrennen auf. Betrunkene Faustkämpfe arteten zu großen Schlachten aus. Gerüchteweise heißt es, daß die Motorradfahrer buchstäblich die Stadt übernahmen, sich der Polizei widersetzten, die Frauen aus dem Ort mißhandelten, die Kneipen plünderten und auf jeden eintraten, der sich ihnen in den Weg stellte.

Gerüchteweise heißt es außerdem, daß eine ganz bestimmte Bande, die Booze Fighters, den ganzen Ärger ursprünglich hervorrief. Damit scheinen sie sich als die erste organisierte Bande von Motorrad-Verbrechern zu qualifizieren. Erst drei Jahre später sollte es in der kleinen kalifornischen Stahlarbeiterstadt Fontana, rund fünfzig Meilen nördlich von Los Angeles, dazu kommen, daß die Hell's Angels gegründet wurden.

Die Geschichte der wahren Greueltaten wurde von Frank Rooney unter dem Titel ›The Cyclist's Raid‹ für die *Saturday Evening Post* aufgefrischt und in die Fiktion erhoben. Diese Kurzgeschichte wiederum wurde von dem Produzenten Stanley Kramer aufgegriffen und in das Drehbuch für einen geplanten Film mit dem Titel *The Wild One* (Der Wilde) (1954) umgeschrieben. *The Wild One* muß als ein Meilenstein in der Filmgeschichte angesehen werden. Als Marlon Brando, Lee Marvin und ihre Kohorten in die geldgierige und verkniffene Stadt wankten, war jedem Teenager im Publikum eines jeden Lichtspielhauses durchaus klar, daß allein ihre Körpersprache eine Provokation der selbstgefälligen Staatsgewalt war. Als Mary Murphy Brando fragte, wogegen er sich eigentlich auflehne, kannten die Teenager die Antwort schon, ehe Marlon achselzuckend fragte: »Was habt ihr denn?« Ähnlich konnten auch nur die geistlosesten Jugendlichen daran vorbei, Marlon Brando um seine erhabene Gehässigkeit zu beneiden, als er von einer kreischenden Horde von Bürgern, die zur Selbstjustiz greifen und Anzüge tragen, die so aussehen, als seien sie von einem Holzfäller geschneidert worden, zusammengeschlagen wird, es aber dennoch über sich bringt, zu höhnen: »Mein Alter hat fester zugeschlagen.«

Die zeitgenössische Rezeption von *The Wild One* scheint ein frühes Beispiel für die Schablone ›Die Alten haben keine Ahnung, aber die Jungen verstehen es‹ zu sein. Damals, 1954, schien die Mehrheit der Kritiker unfähig zu sein, sich über die Vorstellung hinwegzusetzen, daß dieser Film ausschließlich von reiner Gewalttätigkeit handelt. Die britische Zensur ging sogar soweit, den Film bis 1967 von sämtlichen Kinoleinwänden des Landes zu verbannen. Tatsache ist, daß in *The Wild One* kaum offene Gewalttätigkeit vorherrscht, wenn man den Film mit vielen Western und Kriegsfilmen aus derselben Zeit vergleicht. Am wahrscheinlichsten ist, daß die Kritiker dadurch beunruhigt waren, daß die Gewalttätigkeit Hand in Hand mit der bedrohlichen Sexualität der üblen Motorradfahrer in ihrer Lederkleidung ging. Sogar Brando selbst hatte seine persönlichen Zweifel daran, wie der Film aufgenommen würde: »Wir hatten den Ansatz, die Hipster-Psychologie zu erklären, aber während der Dreharbeiten sind wir irgendwann vom Weg abgekommen. Das Ergebnis war, daß wir, statt herauszufinden, warum junge Menschen sich in Horden zusammenschließen, nur die Gewalttätigkeit gezeigt haben.« Was Marlon Brando damals nicht wußte, war, daß seine Ausstaffierung für diesen Film sich als eine Kodifizierung der jugendlichen Rebellenuniform erweisen sollte. Sie blieb so für die nächsten dreißig Jahre bestehen.

TEENAGER-TRÄUME

Drüben auf der Madison Avenue erfanden sie die Teenager. Ursprünglich war es der Modezweig Junior Miss, der seinen kleinen Teil dazu beitrug, den Nachkriegsboom anzuheizen.

Die grundlegende Idee bestand darin, eine einmalige Zeit zwischen der Pubertät und dem Verantwortungsbewußtsein klar zu definieren und auszubeuten. Die Vollbeschäftigung und eine breit gestreutere schulische Bildung hatten eine kurze Phase der Zügellosigkeit auf dem Massenmarkt des zwanzigsten Jahrhunderts

ermöglicht, ehe man sich unwiderruflich etablierte. Im Gegensatz zu vergangenen Zeiten, in denen es nur einen rauhen Übergang von der Schule ins Arbeitsleben gegeben hatte, hatte jetzt jeder Mensch (oder zumindest jeder Weiße, der der Mittelschicht angehörte) ein Recht auf eine Zeit flüchtiger Magie, eine Phase des vorübergehenden Zaubers – die Teenagerzeit. Ursprünglich war sie angelegt als eine rosa-weiße Welt von Modepuppen mit Kirschcolas, Verabredungen mit dem anderen Geschlecht, Tabus der erogenen Zonen und fortwährendem Konsum. Das war entschieden eine ganz heiße Marktstrategie, aber die Madison Avenue scheiterte daran, zu erkennen, wie heiß diese Strategie wirklich war.

Heranwachsende haben immer Probleme mit ihrer Identität. Die Pubertät ist als eine Zeit definiert, in der man noch dahinterkommen muß, wer man ist, und in der man alle Arten von Masken und Verkleidungen ausprobiert. Den Teenagern der frühen fünfziger Jahre wurde nicht nur eine Identität vorgesetzt, sondern eine ganze gesellschaftliche Untergruppe, in der sie herumtollen konnten. J. Walter Thompsons Jungen konnten sich nicht darüber im klaren sein, daß sie den ersten winzigen Haarriß vorbereitet hatten, der sich schließlich zu einer breiten Kluft zwischen den Generationen auswachsen würde. Es ist unnötig zu sagen, daß die Teenager sich gierig auf das Angebot stürzten, alles einmal kurz durchprobierten und dann, um gleich von Anfang an unter Beweis zu stellen, daß sie undankbar waren, ihrer eigenen schäbigen Fantasie freien Lauf ließen.

Wenn ein Heranwachsender irgend etwas ist, dann ist er paranoid. Er schöpft einen großen Trost aus der Vorstellung, daß die ganze Welt sich gegen ihn stellt, und nur zu gern glaubt er an die Wichtigkeit der Auflehnung. »Wogegen lehnst du dich eigentlich auf?« »Was hast du denn?« Eine der ersten Verkörperungen der Rebellion, die die Jugendlichen von 1951 zu sehen bekamen, waren diese betrunkenen Hipster, die Hollister kurz und klein schlugen. Als das Bild der schwarzen Lederjacke und der Motorradstiefel in *The Wild One* (Der Wilde) vorfabriziert worden war, griff es um sich wie ein Lauffeuer und breitete sich über die gesamte Nation aus. Die Nachkriegsgesellschaft kam dahinter, daß nicht alle Neuerungen, die sich in einer Massenkultur schnell durchsetzten, von oben auferlegt wurden. Fast über Nacht tauchte, ob mit oder ohne Motorrad, die schwarze Lederjacke als die akzeptierte Uniform des aufsässigen Teenagers auf, und mindestens achtzig Prozent der Verbreitung gingen direkt von der Basis aus. In den meisten Fällen hinkten die Medien hinterher und zeichneten ein Phänomen für die Nachwelt auf, statt diejenigen zu sein, die maßgeblich daran beteiligt waren, es in Gang zu setzen. Das ist auch der Grund, aus dem Hollywood erst 1955 in der Lage war, mit einem umfassenden Traum der Jugend zu dienen und ein Allzweckkompendium des aufsässigen Teenagers hervorzubringen.

James Dean war natürlich die Verkörperung der ganzen Thematik, der Inbegriff. Montgomery Clifts Verletzbarkeit auf der einen Seite und Brandos Ruppigkeit mit den zusammengekniffenen Augen auf der anderen Seite hoben Deans coolen, wirrköpfigen Fünfzigerjahre-Jesus aus der Taufe. Zweifellos

bestand, langfristig gesehen, der geschickteste Zug seiner gesamten Karriere darin, jung und unbefleckt zu sterben. Durch den schlichten Vorgang, in einem Autowrack zu sterben, sicherte sich Dean im Pop-Kontinuum einen wesentlich beständigeren Platz als beispielsweise Marlon Brando. Er war eine Ikone und kein Schauspieler, der später Fletcher Christian, Colonel Kurtz, den Paten und Supermanns Vater spielte.

Ironischerweise hat Dean nie in einem Film eine schwarze Lederjacke getragen. Ich habe Freunde, die darüber metaphysische und sonstige Spekulationen anstellten, aber ich neige zu einem gewissermaßen direkteren Ansatz. Sowohl in *East of Eden* (Jenseits von Eden) als auch in *Giant* (Giganten) wäre es einfach lächerlich gewesen, wenn er darin rumgelaufen wäre. Seine einzige Chance bekam er in *Rebel Without a Cause* (...denn sie wissen nicht, was sie tun), und in diesem Meilenstein des Ausdrucks jugendlicher Ängste entschied er sich für eine rote Nylonjacke, als sei er Michael Jackson. In früheren Zeiten, als die Menschheit wesentlich hysterischer war, wurde dies als ein Omen angesehen. Die symbolische Farbe des Blutes war das Zeichen des zum Untergang verdammten jungen Königs. Klar. Aber vielleicht war es auch nur dazu gedacht, um ihn gegen seine Freunde abzusetzen, in dem alle anderen männlichen Wesen – Dennis Hopper, Sal Mineo und so weiter – tatsächlich schwarze Lederjacken trugen. Wie hätte das Publikum Dean sonst in den nächtlichen Totalen entdecken sollen? Zweimal sollte es aber doch dazu kommen, daß Dean im Fernsehen eine Lederjacke trug, einmal, als er im Dezember 1954 in einer Aufführung des General Electric Theatre von *I Am a*

In drei Filmen verkörperte James Dean alle Aspekte des Teenagers.

Fool (bei der er gemeinsam mit Ronald Reagan auf der Bühne stand) einen ›Hepcat Killer‹ spielte, und dann noch einmal im Mai 1955 im Schlitz Playhouse in *The Unlighted Road*, ein Stück, beim dem er, wieder einmal als ein verrückter, verworrener Junge, in einem Hagel von Maschinengewehrfeuer umkam.

Dean besaß auch in seinem Privatleben eine schwarze Lederjacke. Das scheint das Mindeste zu sein, was er sich schuldig war. So kann man es jedenfalls bei John Gilmore nachlesen, der 1975, als James Dean gerade einmal wiederentdeckt wurde, ein dünnes Taschenbuch auf den Markt brachte, in dem er mit einer gewissen Verspätung enthüllte, James Dean sei, zumindest partiell, schwul gewesen — »einer, der Männer und auch Frauen liebte«, wie es auf dem Einband herausgeschrien wird.

Gerüchte über James Deans Homosexualität tauchten immer gern geballt auf. Direkt nach seinem Tod waren die wüstesten Gerüchte in Umlauf, aber keines besagte je, er sei schwul gewesen. Er war verstümmelt und entmannt worden, verbarg sich in einem tibetanischen Kloster und sandte spirituelle Botschaften an eine Kellnerin in Grand Rapids, aber es wurde nicht geflüstert, er könnte sich den Weg zum Ruhm durch eine Reihe von schwulen Bettgenossen geebnet haben. Die erste Andeutung kam ein paar Jahre später, auf die behutsame Weise der fünfziger Jahre, als William Bast seine Biographie *James Dean* schrieb — ein früherer Zimmergenosse. Zwei James-Dean-Biographien in Romanform kamen um 1960 heraus, *The Immortal* von Walter Ross (mit einem Einband von Andy Warhol) und *Farewell My Slightly Tarnished Hero* von Ed Corley, und in beiden Büchern wurde Basts Andeutung bekräftigt. Kenneth Anger ließ seine berühmt gewordene Bemerkung fallen, James Dean sei »ein menschlicher Aschenbecher« gewesen, und eine beunruhigte heterosexuelle Welt mußte zusehen, wie eine ihrer Ikonen ihr entglitt. Jungen, die den größten Teil ihrer Pubertät damit verbracht hatten, in den Badezimmerspiegel zu schielen und zu versuchen, Deans kurzsichtige Verletzbarkeit nachzuahmen, brachen abrupt und schockiert ihre Bemühungen ab. Wimmernd flüchteten sie sich zu zuverlässigeren Helden – Clint Eastwood, Burt Reynolds, Joe Strummer.

Die Schwulengemeinde dagegen war begeistert. Ein Teenager-Idol der Weltklasse war aus dem Wandschrank aufgetaucht, wenn auch erst posthum. Sie konnten ihn an Land ziehen, ihn zu einem der ihren machen. Seine starke Zugkraft war nicht nur eine Frage der Legende, die sich um James Dean entsponnen hatte, der Bordellneurose und des Geschwindigkeitsrausches, der quasi in einen Tod als Opfergabe geführt hatte. Deans Aussehen war ebenfalls ein entscheidender Meilenstein in den Vorstellungen der Schwulen. In den frühen, schwierigen Stadien seiner Karriere hatte Dean den blonden, ordentlichen Bürstenschnitt und das athletische Äußere aktiv kultiviert, das bei den schwulen Pin-ups der Phase, die direkt auf den Zweiten Weltkrieg folgte, eine so große Rolle spielte. Diese Ausstrahlung hatte Dean nie gänzlich verloren. Auf dieselbe Weise, auf die Deans Leinwand-Image genau auf halber Strecke zwischen Montgomery Clifts Angst und Marlon Brandos Aggression angesiedelt war, stellte er als schwules Sexsymbol ein Bindeglied zwischen Tab Hunter und den erst kürzlich aufgetauchten mysteriösen Jungen in den schwarzen Lederjacken dar, die vor dem Spiegel übten, wie Elvis Presley auszusehen.

Als ich Gene Vincent zum erstenmal sah, war ich noch sehr jung. Es muß eins meiner allerersten Rock-Konzerte gewesen sein. Die Tournee hatte mit zwei großen Namen begonnen, Gene Vincent und Eddie Cochran. Zu dem Zeitpunkt, zu dem sie das Essoldo in Brighton erreichte, war Eddie Cochran seit etwa einem Monat tot, und sein Name auf den Plakaten war durch einen gewissen Jerry Keller ersetzt worden, der seine fünfzehn Minuten Ruhm mit etwas feierte, was sich *Here Comes Summer* (›School is out, oh happy day...‹) nannte. Es erübrigt sich zu betonen, daß das Publikum aus Halbstarken und Rowdys kurzen Prozeß mit ihm machte, ganz zu schweigen von der Gruppe der Triumph-Bonneville-Fahrer, die neunzig Prozent des Publikums auszumachen schienen. Jegliche Erinnerung an ihn ist völlig ausgelöscht. Gene dagegen hat sich dem Gedächtnis unauslöschlich eingeprägt. Er war es, der mir endgültig die letzten Zweifel nahm, die ich vielleicht noch daran hätte haben können, daß der Rock'n'Roll sich um die fiesen Seiten des Lebens drehte.

Vincent kam auf die Bühne, und ich sah zum erstenmal einen Menschen, der von Kopf bis Fuß in schwarzes Leder gekleidet war. Auf dem einen schwarzen Handschuh, den er trug, steckte außen ein Ring. Sein Kragen war hinten aufgestellt. Um seinen Hals hing eine Goldkette mit einem schweren goldenen Medaillon. Er bewegte sich mit einem betonten Humpeln. Das Ende einer stählernen Beinschiene war deutlich unter seinem Hosenaufschlag zu erkennen. Wenn in den Teenager-Mythen der damaligen Zeit Elvis Presley das Leittier war, das dem ganzen Rudel voranstürmte, dann war Gene Vincent der psychotische Krüppel, bei dem man hätte wetten können, daß die Bullen ihn noch abknallen würden, ehe er die letzte Nummer gesungen hatte. Vincent sog alles, was ihm das Publikum geben konnte, auf und gab es der Menge mit einer Intensität zurück, die ihn zu verbrennen drohte. Sein Gesicht war verzerrt und leichenblaß. Er rollte die Augen zum Himmel, und er schien zu zittern, als peinige ihn die Energie, die er leitete. Mit einem steifen Bein konnte Gene keinen Shake hinlegen wie Elvis. Er war von der Taille abwärts steif, sein kaputtes Bein hatte er hinter sich ausgestreckt, und er umklammerte das Mikrophon, als hinge sein Leben davon ab. In Momenten, in denen er sich auf der Bühne unmäßig mitreißen ließ, wirbelte er um dreihundertsechzig Grad herum und schwang sein verkrüppeltes Bein über das Mikro. Wie ich schon sagte, strahlte er Anstößigkeit aus. Er sang von anstößiger Liebe mit Mädchen in engen Röcken und mit rotem Lippenstift im Gesicht, und seine gesamte Haltung drückte eine rasende, leichtfertige Aggression aus. Er hatte keine Zeit für den Teenager-Euphemismus, auf den die ›akzeptierten‹ Rockstars zurückgriffen. Gene kümmerte sich einen Dreck darum, was akzeptabel war. Er hatte schon genug Probleme damit, seine eigenen Dämonen durch Singen zu vertreiben.

Es besteht nicht der geringste Zweifel daran, daß Gene Vincent der erste Rock'n' Roller war, der schwarzes Leder zum Markenzeichen machte. Elvis Presley kann man in der Hinsicht vergessen. Presley schwang sich vor seiner Sondersendung im NBC 1968 nicht in schwarze Lederklamotten. Selbst Vincent fing erst in den frühen sechziger Jahren damit an. Die Anfänge des Rock'n'Roll sind hinsichtlich des schwarzen Leders eine genauso große Enttäuschung wie James Dean. Wenn auch *Happy Days, Sha Na Na* und sämtliche anderen nostalgischen, rosig eingefärbten Rekonstruktionen der fünziger Jahre bemüht sind, es uns weiszumachen, so ist es doch eine Tatsache, daß die Rockstars der fünfziger Jahre nicht mit Lederkleidung auf

Gene Vincent, der Richard III.
des Rock'n'Roll.
Rechts: Bruce Springsteen.

Elvis Presley 1968 bei seinem
NBC Special. Ein Comeback
in schwarzem Leder.

die Bühne kamen. Warum hätten sie das auch tun sollen? Die Lederjacke wurde erst in den perversen sechziger Jahren und in den rauhen siebziger Jahren bühnenreif. In den fünfziger Jahren war die Lederjacke Teil der Straßenkleidung. Sie war für Überfälle und Schlägereien da, zum Motorradfahren, um Mädchen anzumachen und um den bösen Bürgerschreck zu spielen. Sie gehörte zur schäbigen Alltagskleidung. Es war der Sommer der kritischen Konsumenten, und Arbeitskleidung, selbst wenn sie noch so cool war, hatte nichts auf der Bühne zu suchen, wenn man *Long Tall Sally* herausplärrte. Straßenkleidung wäre etwa so stilvoll gewesen, als hätte Frank Sinatra in einem Overall die Bühne betreten. Damals wie auch heute hatte Bühnenkleidung überlebensgroß zu sein. Die Bühne wurde mit Goldlamé, Smoking, lindgrünem Mohairanzug, Hochwasserhosen und zweifarbigen Schuhen gleichgesetzt, aber gewiß nicht mit einer Lederjakke und Bluejeans. Wenn die Stars sich so gekleidet hätten, wie zum Teufel hätte man sie denn dann vom Publikum unterscheiden sollen?

Ich würde mir gern vorstellen, daß Gene ganz von sich aus auf die schwarze Lederkleidung verfallen ist. Gene mag zwar eine Wildkatze gewesen sein, aber er war kein allzu großer Denker. Sein Image ist ganz einem britischen Fernsehproduzenten, Jack Good, zu verdanken. Good war ein verschrobener Kauz von der Sorte, die nur England hervorbringt. Er war ein ganz spezieller Typ des Enthusiasten der oberen Mittelklasse, der, hätten die Dinge ihren üblichen Lauf genommen, Oldtimer gesammelt, alte Lokomotiven wieder hergerichtet oder seltene Arten unter den Stelzvögeln unter seinen Schutz gestellt hätte. Aber Good war zur rechten Zeit am rechten Ort, um unbesonnen und heillos auf den Rock'n'Roll abzufahren. Trotz seiner humanistischen Vorbildung wollte er eine Laufbahn beim Fernsehen einschlagen, und so kam er zur BBC – schon immer eine Zufluchtsstätte für Außenseiter, aber auch ein Ort, an dem einer früheren Schulzugehörigkeit mehr Bedeutung zugemessen werden kann als proletarischen Überlegungen in bezug auf Qualifikationen und Beurteilungen. Good machte sich ans Werk, seine Besessenheit von der Rock-Musik auf dem Fernsehschirm umzusetzen. Da er das nahezu übermenschliche Glück hatte, nicht nur im richtigen Fach zu arbeiten, sondern auch auf einem Gebiet, das bislang völlig unerforscht war, war es ihm möglich, die drei ersten Rock-Sendungen im ganzen Land im Fernsehen zu zeigen, nämlich *6.05 Special, Oh Boy!* und *Boy Meets Girl*. In den letzteren beiden wurde vorwiegend amerikanischer Hard-Rock gebracht, Rocker wie Vincent, Jerry Lee Lewis, Eddie Cochran und Little Richard, all jene, die nach Europa geflohen waren, um den kulturellen Säuberungsaktionen in den Vereinigten Staaten zu entkommen, da sie dort zwangsweise durch aknebefallene Klons wie Bobby Rydell und Frankie Abalon ersetzt wurden. So kam es dazu, daß Good Gene Vincent einkleiden konnte.

Good hatte die Nachfolger der Röhrenhosen und der taillierten Jacketts satt, aber auch die bestickten Cowboy-Hemden, die unter den amerikanischen Stars als schick galten, und er sehnte sich danach, mit drastischeren Mitteln zu arbeiten. Vincent bot ihm die perfekte Gelegenheit dazu. Vincent war unter ungünstigeren Vorzeichen nach England gekommen als die meisten seiner Zeitgenossen. Mit seiner Band, den Bluecaps, hatte Gene in Amerika ein paar Hits gelandet, aber vielleicht hatte er diesen Erfolg zu sehr ausgekostet. Auf einer Tournee hatten sie eine Spur von demolierten Motels, geschändeten Töchtern und Vätern und Brüdern, die sie mit Schrotflinten hetzten, zurückgelassen. Sie schienen zu einem Zeitpunkt, zu dem das auf dem Musik-Sektor noch längst nicht die gängige Praxis war, unter Alkohol und Tabletten zu stehen und völlig benebelt zu sein. Vincents vorletzte Tat vor seiner Flucht nach Europa bestand darin, in Los Angeles mit den Bluecaps zu einem letzten Fernsehauftritt zu erscheinen und sich dann mit dem Scheck und der gesamten Anlage der Band nach Alaska abzusetzen. Damit waren nicht nur die Beziehungen abgebrochen, sondern Vincent wurde auch auf die schwarze Liste des Musikerverbandes gesetzt. Good konnte nicht übersehen, daß er in Vincent jemanden vor sich hatte, der nicht allzu viele Einwände dagegen erheben würde, seine Karriere von Grund auf umzukrempeln.

Jack Good hatte ein Problem. Er war nach wie vor ein weltfremder Humanist mit einem Wahn, seine neuentdeckte Musik an das anzuhängen, was er als die verbreitetste kulturelle Strömung ansah. In seinem späteren Leben sollte er Jerry Lee Lewis mit einem Schuhlöffel in ein Musical zwängen, das auf Othello basierte und *Catch My Soul* hieß. In Vincent sah er eine ruchlose Verbindung zwischen Hamlet und Richard III.

So verrückt, wie es klingt, war das gar nicht. *Richard III.* mit Laurence Olivier war 1956 herausgekommen, fast gleichzeitig mit dem Auftauchen des Rock'n'Roll. Der Film hatte die Runde durch die britischen Schulen gemacht, und Oliviers Richard mit dem Buckel, dem lüsternen Blick und dem Hinken, bei dem ein Fuß nachgeschleift wurde, der jeden Igor in der ganzen Filmgeschichte übertroffen hatte, war bei den kleinen Jungen ein großer Erfolg gewesen. Jack Good zog diese Erinnerung aus neuerer Zeit zu Rate und entlieh Oliviers schwarze Kleidung, die Goldkette und das Medaillon, das Hinken und dergleichen mehr. Weiße Farbe und ein gepeinigter Gesichtsausdruck vervollständigten das Bild, und Gene wurde auf die europäischen Fernsehschirme losgelassen.

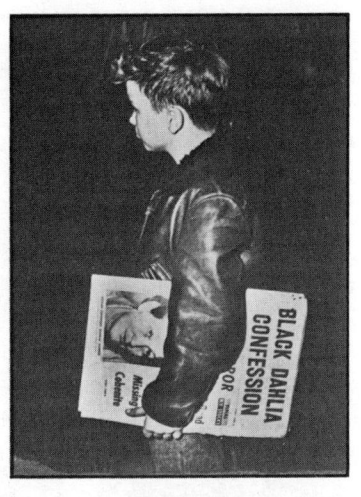

Das Experiment war ein ungetrübter Erfolg. Gene Vincent, vorher der Kleinstadtjunge in den Spielsalons der Südstaaten, war in eine hinkende, nahezu übernatürliche Bedrohung verwandelt worden. Seine Songs wurden zu Übungsstücken in frenetischer Agonie. Es gelang Jack Good nicht, Gene an die Hauptströmung der Musik seiner Zeit anzuhängen – Gene Vincent war immer zu verrückt für verbreitete Trends –, aber er erhob ihn in Großbritannien, Frankreich und Deutschland zu einer regelrechten Kultfigur. Gewaltige Mengen von lärmenden Teenagern sahen in ihm ein ideales Vorbild im Bösen, den besten Bandenführer, den man sich wünschen konnte. Wenn Vincent auch nicht dafür verantwortlich zu machen ist, daß sich die schwarze Lederjacke in Europa durchgesetzt hat, dann war er doch eine der treibenden Kräfte, die dieses Kleidungsstück zu einem Symbol der unzufriedenen Jugend erhoben. In Frankreich machte ihm ein anderer auch ausgebürgerter Amerikaner Konkurrenz, Vince Taylor, der wirklich Klage gegen Vincent erhob, um ihn von seiner Lederkleidung abzubringen. Er beanspruchte für sich, daß er und nicht Vincent oder Good dieses Image ursprünglich für sich entworfen hatte.

Links: Das Originalkostüm der Heldin von *The Avengers* (Mit Schirm, Charme und Melone), das später als zu gewagt angesehen und abgewandelt wurde.
Mitte: Diana Rigg als Emma Peel.
Rechts: Honor Blackman als Cathy Gale.

Genes Erfolg war betrüblicherweise nicht von Dauer. 1968 war er bereits Alkoholiker, und seine Karriere war in der schnellen Abfolge sich wandelnder musikalischer Stilrichtungen untergegangen. Ende der sechziger Jahre versuchte er sich, von Jim Morrison und den Doors dazu ermutigt, an einem Comeback, aber das war eher reine Action zur Abwechslung als eine ernsthafte Rückkehr ins Scheinwerferlicht. 1971 wurde Genes kaputtes Bein amputiert und im selben Jahr starb er in Hollywood an Magen-Darm-Geschwüren, die unter Alkoholeinfluß geplatzt waren. Das Schicksal von Vince Taylor ist ungewisser. Es gibt Geschichten, die behaupten, er sei unter die Opfer der Psychedelik zu zählen und nicht mehr am Leben, und andere behaupten, er hätte Jesus gefunden und sei als Christ wiedergeboren worden. Auf die eine oder andere Weise ist er jedenfalls weit genug aus der Sicht entglitten, und so war er nicht interessiert oder nicht in der Lage, wieder an die Oberfläche zu kommen, als 1979 die Clash mit der Aufnahme seines Songs *Long Black Cadillac* ein vorübergehendes Interesse an seinem Schaffen wachriefen.

Haben Sie sich je ernsthaft Gedanken über *The Avengers* (Mit Schirm, Charme und Melone) gemacht? Natürlich nicht. Wozu auch? Weshalb sollte man sich denn überhaupt Gedanken darüber machen? *Mit Schirm, Charme und Melone* war nichts weiter als eine klassische Spionageparodie, das *Get Smart* des denkenden Menschen, das sich nie wirklich mit dem Sado-Sexismus eines James Bond oder der heruntergekommenen Untergangsstimmung von Deighton und Le Carré eingelassen hat. Hier wurden die Carnaby Street, die Op Art und Mädchen gezeigt, die Karate beherrschten, und jetzt steht die Serie auf den Sammellisten der Wiederholungen zur Wahl, vielleicht nicht ganz so beliebt wie *The Odd Couple* (Ein seltsames Paar), aber doch eine Kuriosität, die weiterhin in den Spätprogrammen des Fernsehens auftaucht.

Oder könnte es etwa sein, daß mehr als nur ein psychedelisches Grinsen hinter *Mit Schirm, Charme und Melone* steckt? Man betrachte sich einmal die Prämissen der Serie unter rein äußerlichen Kriterien. Wenn wir die Ironie streichen und die Fakten für bare Münze nehmen, dann bekommt das gesamte Konzept etwas entschieden Verschrobenes. Wir haben es hier mit einem Geheimagenten mittleren Alters zu tun – John Steed –, einem adretten und gesetzteren James Bond mit Melone und Maßanzug. Er hat mehr Wildesche Schlagfertigkeit, aber er wird als ebenso unfehlbar hingestellt. Bond und Steed haben auch beide eine Vorliebe für den ›klassischen‹ 4-Liter Le Mans Bentley. Steeds Gehilfin ist eine Mrs. Emma Peel. Um der

Kürze willen werde ich mich auf die Folgen von *Mit Schirm, Charme und Melone* beschränken, in denen Diana Rigg mitgespielt hat. Die meisten wesentlichen Punkte, die sich auf sie anwenden lassen, treffen gleichermaßen auf ihre Vorgängerin Honor Blackman und ihre Nachfolgerin Linda Thorson zu. Mrs. Peel ist eine flotte, kampftüchtige Kunstexpertin, die sich mit Vorliebe von Kopf bis Fuß mit hautengem schwarzem Leder bekleidet und deren Hobby die Gegenspionage ist – Nancy Dew, nachdem sie über *The Story of O* (Die Geschichte der O) hinausgewachsen ist. Es wird angedeutet, daß Steed und Mrs. Peel in der Serie vielleicht ein Verhältnis miteinander haben, vielleicht aber auch nicht (*Mrs.* Peel hat auch tatsächlich einen längst verlorenen Ehemann), aber auch, daß sie irgendwann in der Vergangenheit eine Beziehung hatten, die in ihrer unorthodoxen Erotik schon nahezu byzantinisch anmutet.

Wenn man all das in die eigentliche Comic-Handlung hineinliest, erscheint das Paar allmählich wie übriggebliebene Libertins aus den Zeiten de Sades, die sich bemühen, sich einem egalitarischeren Jahrhundert anzupassen. Das tun sie, indem sie die Nation vor Verheerungen durch wahnsinnige Wissenschaftler, kranke Roboter, russische Spione und in einer Episode sogar einen aufgetauten Adolf Hitler beschützen, und das mit einem dilletantischen Elan, der sich selbst nie ganz ernst nimmt.

Es könnte so aussehen, als wollte ich viel zuviel in etwas hineinlesen, was nichts weiter als eine spannende Fernsehreihe war. Das Problem besteht darin, daß in unserem elektronisch verdrahteten globalen Dorf von heute ein Fernsehabenteuer manchmal ebenso starke Auswirkungen auf die zeitgenössischen Mythen haben kann wie Präsidenten oder Prinzen. Die Bedeutung von

Mit Schirm, Charme und Melone liegt darin, daß die Serie ein absolut genaues Produkt ihrer Zeit war. In Großbritannien wurde sie 1961 erstmals ausgestrahlt, aber erst rund zwei Jahre später wurde sie in die Form gebracht, die wir kennen und lieben – sagen wir 1963. 1963 war das Jahr des Sexskandals um Profumo und des Sturzes der Macmillan-Regierung.

Wie bei den meisten Skandalen ist aus der Retrospektive schwer zu erkennen, was eigentlich der ganze Wirbel sollte. Es begann mit einem unbedeutenden politischen Handgemenge. Es stellte sich heraus, daß ein Vertreter des Verteidigungsministeriums in ein Verhältnis mit einer attraktiven jungen Hure namens Christine Keeler verstrickt war. Unter den anderen Klienten der Keeler war ein Russe, der verdächtigt wurde, ein Agent des KGB zu sein. Natürlich war das für die Oppositionspolitiker ein gefundenes Fressen. Als er im Parlament nach seinem Gefühlsleben befragt wurde, leugnete Profumo alles. Er wußte nichts von Nutten. Er wurde der Lüge überführt und zum Rücktritt gezwungen.

Dem gesunden Menschenverstand sollte es nicht weiter erstaunlich erscheinen, daß die herrschende Klasse eines jeden Landes sich ein eigenes, verstecktes Prostitutionsgefüge aufbaut. Was, zum Teufel, erwartet man denn? Leider scheint die menschliche Rasse ein vorprogrammiertes Bedürfnis danach zu haben, ihre Anführer auf moralische Podeste zu stellen, und immer dann, wenn enthüllt wird, daß diese wirklich dieselben schmutzigen Rohlinge sind wie der ganze Rest, dann zieht sich eine Woge der Schockiertheit durch die Öffentlichkeit, wenn Lüsternheit und Prüderie aufeinanderprallen.

Sowie der böse Blick der Öffentlichkeit einen kleinen Zipfel dieses britischen Sex- und-Spaß-Rings erspäht hatte, wurde die ganze Geschichte aufgerollt. Die Presse und das Fernsehen fingen an zu wühlen. Nutten wie die Keeler, Mandy Rice-Davis und Ronna Ricardo, die ein Gespür dafür hatten, daß der Tag der Abrechnung mit ziemlicher Sicherheit dicht bevorstand, verkauften ihre Geschichten an die Sonntagsschundblätter Londons. Geschichten über Peitschen und Ketten kamen in Umlauf, über Schläge für ein Pfund pro Schlag und über hochhackige Stiefel an hoher Stelle. Es wurden Geschichten über einen anonymen Minister erzählt, der mit Vorliebe in einer schwarzen Ledermaske und Windeln den Diener spielte. Das Wort ›abartig‹ ging in das allgemeine Vokabular ein. Das eine Extrem waren die polnischen Slumkönige und die jamaikanischen Zuhälter, die Gras verkauften; das andere Extrem bildete die Königliche Familie.

Die britische Öffentlichkeit schien zu wittern, daß es hier um mehr als um einen zwanzigtägigen Sexskandal ging. Die moralische Autorität der traditionell herrschenden Klasse bröckelte in einem irreparablen Maß ab. Das war das Ende einer Ära, die Feststellung, daß die Erinnerungen an das englische Weltreich endlich verblassen mußten. Harold Macmillan trat zurück, und der vorübergehend eingesetzte Premierminister Alec Douglas-Home wurde gezwungen, für eine Wahl zu kandidieren. Harold Wilson kam an die Macht, und das bei einer Wahl, die sich als ein Aufstand der unteren Mittelklasse darstellte.

Es waren auch nicht nur Mary Quant und die Beatles. Landesweit schüttelte der weiße Mann dieses Kulturkreises seine Last ab und unternahm den Versuch, den Hedonismus zu entdecken. Was für die Politiker und die Prinzen gut genug war, war auch gut genug für den gesamten Rest. Junge Männer bemächtigten sich der Medien. Kenneth Tynan sprach im Fernsehen das Wort fikken aus. Der einst so stolze Union Jack diente jetzt Pete Townshend als Jacke.

Große Teile dessen, was sich bisher im Untergrund abgespielt hatte, kamen wie schmutzige Treibeisschollen an die Oberfläche. Nirgends war das deutlicher zu bemerken als in der Mode. Die hochhackigen Stiefel, die Lederröcke und die Netzstrümpfe, die bisher den Freundinnen von Motorradfahrern und spezialisierten Prostituierten vorbehalten waren, liefen auf der Straße herum. Ein älterer Fußfetischist schrieb an eines der damaligen Männermagazine (ich glaube, es war *Penthouse*) und klagte darüber, daß es ihn gar nicht mehr anmachte, wenn heute das, was einst der Gegenstand seiner dunklen und geheimen Besessenheiten gewesen war, am hellichten Tage auf der Straße rumlief. Großbritannien hatte einen recht einzigartigen Weg zur Dekadenz eingeschlagen. Das Land ging vor die Hunde, und das tat es mit der Art von gutgelaunter Begeisterung, die bisher dem Krieg und organisierten Spielen vorbehalten gewesen war. Kathy Gale und Emma Peel waren – fast in dem Maß wie die Musiker und Mannequins, die Fotografen und Modeschöpfer – Paradebeispiele für diese neue, ironische, zweideutige Dekadenz und vermarkteten sie sogar in der restlichen Welt. Großbritannien herrschte nicht mehr über die Wogen. Es exportierte Rock'n'Roll-Bands und abartige Agentinnen, die sich als Domina kostümierten.

In den sechziger Jahren gab es eine Anzahl von Gruppen, die mit dem schwarzen Leder im allgemeinen und mit der klassischen schwarzen Lederjacke im besonderen nicht zurechtkamen. Die Symbolik beunruhigte sie, der politische Beigeschmack erschreckte sie, und mit Vorliebe redeten sie sich ein, daß es die Musik, die damit einherging, nie gegeben hatte. Ein perfektes Beispiel dafür waren die Folk-Sänger. In der Atomabrüstungsbewegung in ihrer folkloristischen Form hatte die schwarze Lederjacke keinen Platz. Sie wirkte deplaziert zwischen den Rollkragenpullovern, den dicken Männern mit den Bärten, den Geistlichen, Pete Seeger und dürren Mädchen mit glattem schwarzem Haar, die auf Juliette Greco zurechtgeschminkt waren. Die Folk-Szene setzte sich vorwiegend aus Überläufern der Mittelschicht zusammen. Das schwarze Leder läßt bei der Mittelschicht immer wieder Warnsignale aufleuchten. Ganz gleich, wie gewissenhaft und frei sie auch sein mochten – ein Rowdy konnte nicht allzu lange in einer schwarzen Lederjacke mit Folkies und Peaceniks rumhängen, ohne von einem von ihnen beschimpft zu werden.

Es war in erster Linie ein Vermächtnis des jugendlichen Klassenkampfs. Vielleicht hatten die Folkies in ihrem ersten College-Jahr einen Schlenker nach links gemacht, aber so leicht sterben eingefleischte Instinkte nicht ab. Die Lederjacke rief zu viele Erinnerungen wach. Schüler gegen Halbstarke, Studenten gegen die Stadtbevölkerung, die italienischen Kinder, die an der Ekke rumstanden und versuchten, deinen Hund zu treten. Es ging klar, wenn man etwas über die Goldgräber in Colorado um die Jahrhundertwende herausschmetterte, die in einem Song von Woody Guthrie eingefangen wurden, aber dabei blieb es auch schon. Ein zeitgenössischer Schweißerlehrling, eins dreiundachtzig groß in einer Lederjacke, war etwas ganz anderes. Er drückte in der Jukebox Boots Randolph, und wenn er genug getrunken hatte, konnte es sogar vorkommen, daß er die Beleuchtung demolierte und einem die Freundin wegnahm.

Ein Bob Dylan mußte kommen, um diesen ganz bestimmten Vorurteilen ein Ende zu machen und die in Wollsachen gekleideten Folkies modisch ins Abseits zu stellen. Als beim Newport Folk Festival 1965 die Folkies gehässig wurden, als Dylan mit einer Fender Stratocaster um den Hals und einer vollelektrisch ausgestatteten Band auf die Bühne trat, trug er zudem noch eine schwarze Lederjacke. Bei einem Menschen, der so intelligent, verschlagen und sich über die Symbolik der Kleidung bewußt ist wie Dylan, wirkt es unwahrscheinlich, daß er sich zufällig so kleiden sollte. Es war ein weiterer Seitenhieb, der voll ins Auge ging, eine grobe Beleidigung der Folkies, die ›Judas‹ schrien. Er wies ganz klar und deutlich die Pullovergesellschaft von sich, die ihn großgezogen hatte. Bob Dylan hatte sich entschlossen, ein Rockstar zu werden, und er war zu seiner Lederjacke zurückgekehrt.

Etwas ganz anderes war der Konflikt zwischen den englischen Mods und den Rokkers. Auf der einen Seite standen die Dandys, auf der anderen die Rowdys. Es war keine Frage der Gesellschaftsschichten. Die beiden Gruppen setzten sich aus Kindern der Arbeiterklasse zusammen, die in denselben Straßen wohnten, in dieselben Schulen gingen und denselben familiären Hintergrund hatten. Die Rocker mochten im Durchschnitt zwei Jahre älter gewesen sein, aber darüber hinaus gab es keine demographischen Unterscheidungen. Es war ein reiner Kampf um das Auftreten und das Äußere. Die zweite Woge der Jugendkultur lag im Streit mit der ersten, ihrer eigenen Vorstellung von Neandertalern und Cro-Magnon-Menschen. Auf der einen Seite hatte man die Mods – mit adrettem Haarschnitt, Mohair und Motown Music, gewandt und glatt. Sie schluckten Amphetamine und waren vom Thema Mode besessen. Auf der anderen Seite standen die Rocker – in Jeans, Stiefeln und Lederjacken, vielleicht sogar mit Motorrad; sie waren hartnäckig und schmutzig und hielten starr an dem Glauben fest, daß die Rock-Musik mit Buddy Holly gestorben war. Die Mods mit ihrer unfreundlichen Tablettenlogik beschlossen, die Rocker sollten ausgerottet werden, weil sie aus der Mode gekommen waren.

Die Wurzel dieses Konflikts war eine der grundlegenden Prämissen der Mods, nämlich die, daß die Rocker dem Verbrauchermythos nur seine dümmsten Seiten abgekauft hatten. Die Mods hatten den jungen Elvis Presley nicht gesehen, sondern nur *Blue Hawaii*, und diese ganze Geschichte war ihnen zutiefst suspekt. Klar konnte es toll sein, all dieses billige Wegwerfzeug zu haben, aber ihnen war nur zu bewußt, daß man sich all das nur mit Tretmühlenjobs kaufen konnte: Arbeit im Lager, bei der Post, als Verkäufer. Sie brauchten keinen Bob Dylan, der ihnen sagte, daß einem die Arbeit von der Gesellschaft aufgezwungen wurde. Die Rocker dagegen

Bob Dylan und Patti Smith.

waren sehr geneigt, an Bräuchen festzuhalten. Sie hatten ihre schwarzen Lederjakken, die Bluejeans und die Motorräder gern. Das gefiel ihnen und sie sahen keinen Grund, sich davon zu trennen, und das bloß, weil irgendeine neue Moderichtung aufgetaucht war. Aus der Sicht der Rocker war das, was 1953 gut genug gewesen war, auch gut genug für 1963. Gerade diese Philosophie bewirkte, daß die Mods die Rocker mehr haßten als den ganzen Rest der festgefahrenen Gesellschaft. Die Rocker waren schwerfällige Jungen, die sich Verände-

Dekorationen auf schwarzem Leder lösen die Heraldik ab.

rungen widersetzten. Der Mod stand für die pausenlose Evolution; die Rocker waren hassenswert. Sie waren mit Leichtigkeit zu identifizieren, leicht zugänglich und neigten im selben Maß zu Gewalttätigkeit. Möglicherweise war das der erste Verbraucherkrieg der Welt, die Straßenpolitik der Massen.

Zum Glück wandelten sich die Moden in der Politik und in den Drogen, ehe es tatsächlich zu einem Völkermord kam. Anfang 1967 spalteten sich die Mods bereits in zwei völlig verschiedene Gruppen auf. Die intelligenten, die die neuen Anstöße gaben, experimentierten mit der Psychedelik, paßten Paisley und William Morris in ihre Vorstellungen von Mode ein und fragten sich, ob es wohl etwas bringen könnte, sich für die derzeitige Phase mit den Hippies zusammenzutun. Die übrigen – diejenigen, denen Haß ein echtes Bedürfnis war – waren eifrig damit beschäftigt, sich die Köpfe zu rasieren, schwere Stiefel zu kaufen und die Untergruppe zu erfinden, die später als Skinheads bekannt werden sollte.

Für die Lederjacke war es jedoch eine trostlose Zeit. Die Intelligenz gab ihr Geld jetzt für Glöckchen und Perlen, für Bongos und Körperfarbe aus. Das Symbol der Atomabrüstung wurde nun zu einem Stammestotem. Klammheimliche Laboratorien stellten aus Nervengas die Droge STP her. Von vornherein zum Untergang bestimmte Blumenkinder, die Seifenblasen machten, Flöte spielten oder ganz einfach versonnen in die Leere schauten, wurden auf zwei Dritteln des Planeten ein gewohnter Anblick. Als sei die Verwirrung nicht ohnehin schon groß genug, geriet auch noch das Märchenland außer Rand und Band und wucherte wie ein Krebsgeschwür. Im Märchenland war entschieden kein Platz für die schwarze Lederjacke. Wenn die Hippies unfreiwillig mit einer schwarzen Le-

derjacke konfrontiert waren, neigten die meisten dazu, zu erbleichen und etwas zu murmeln im Sinne von: »Oh, wow, viel zu aggressiv, Mann.«
Das hätte wirklich das Ende von allem sein können. Die Lederjacke wäre zu einem Kleidungsstück abgesunken, das ausschließlich Halbstarken vorbehalten war, und es hätte nie einen Anlaß gegeben, ein solches Buch zu schreiben. Ganz so einfach ist das Leben zum Glück nie. Selbst die Tolkiensche Weltsicht der Hippies war ein wenig komplexer, als es vielleicht oberflächlich den Anschein erweckte. Sie brauchten klar umrissene Helden und Schurken, um der Halluzination eine gewisse Dynamik zu geben, ein paar Barbaren, um ihre eigene überspannte Sanftmütigkeit herauszustreichen. Es entsponnen sich Liebeleien mit den unwahrscheinlichsten Gruppen.
Die Hell's Angels wurden zu einem festen Bestandteil eines jeden größeren Hippie-Ereignisses, und die Black Panthers gaben an den politischen Rändern der psychedelischen Arena spektakuläre Aufführungen. In diesen Gefahrenbereichen konnte die Lederjacke ihr aussagekräftiges Image wiederfinden.
Der Staat nutzte sämtliche Gesetze, die ihm zur Verfügung standen, insbesondere das Marihuana-Verbot, das ihm sehr gelegen kam, um der langhaarigen Jugendkultur ständig Ärger zu machen. Die Landbevölkerung, Arbeiter, Bauern und andere Konservative, die in ihrer eingefleischten konservativen Haltung unreflektiert waren, nutzten Wagenheber, Stöcke, Stiefel und dunkle Gassen, um ihre Einstellung unmißverständlich rüberkommen zu lassen. Lyndon Johnson war entweder nicht gewillt oder nicht in der Lage, den Vietnam-Krieg anzuhalten, und dann wurde Richard Nixon zum Präsidenten der Vereinigten Staaten gewählt, und es hatte keinen Sinn mehr, sich

»I am the lizard king. I can do anything.«

Lou Red »waiting for my man«.

noch länger vorzumachen, der derzeitige Stand der Dinge sei irgend etwas anderes als grauenhaft. In *Easy Rider* wurde dieses Gefühl romantisch verklärt. Der Anstrich der Hippies von love and peace war schließlich nicht mehr als achtzehn Monate dick. Er bekam Sprünge, als die Drogenszene weltweit wieder feindselig wurde. Amphetamine und Karl Marx wurden auf der Straße gehandelt. Das Wort ›Revolution‹ wurde zu einem der Begriffe, mit denen man leichtfertig um sich warf, und schwarze Lederjacken wurden zu Millionen wieder aus den Schränken geholt und auf Stockflecken hin untersucht. 1969 hatte die Lederjacke in der Straßenmode dann nur noch einen Rivalen: die schmutzig-olivgrüne Parka.

Die Jugendrevolte war ausgebrochen und das Leder kam wieder zu seinem Recht. Es war aber nicht nur den jungen Männern vorbehalten. Von maoistischen Lesbierinnen über Rockstars bis hin zu Brigitte Bardot trugen alle wieder das schwarze Leder.

In der Popmusik war das große Vorbild und die ideale Verkörperung der Revolte der Jugend Jim Morrison. Das ist heute nichts Neues mehr. In den letzten Jahren ist eine ganze Schwemme von Morrison-Biographien über uns hereingebrochen, und daher ist man sich fast weltweit durchaus darüber im klaren, daß er ein Trinker war, so ziemlich alles vögelte, was sich bewegte, leidenschaftlich an hohen Gebäuden hing und sich im kreativen Pissen betätigte. Was unter diesem Überfluß von skandalösen Einzelheiten und Geschichten über Übeltaten im Suff gern vergessen wird, ist, daß sich die Morrison-Legende nicht gehalten hätte, jedenfalls nicht bis heute, wenn es ihm nicht gelungen wäre, einige ganz präzise Akkorde anzuschlagen, Saiten, die in der Psyche der Rock'n'Roll-Rebellen widerhallten und noch heute etwas anklingen lassen.

In keinem Massenaufstand der Jugend fehlt das Element des Lemmings. Es gibt zu viele junge Männer, die sich zu der Vorstellung hingezogen fühlen, daß es gute, edle und romantische Züge hat, von den Mächten der Unterdrückung auf der Straße spektakulär abgeknallt zu werden. Es ist eine Folge der Überfülle von Filmen wie *Viva Zapata, Butch Cassidy and the Sundance Kid* (Zwei Banditen) und dergleichen verrückten Gangster-Filmen, denen wir ausgesetzt sind, und in diesen Filmen muß der Brave, der zum Bösen geworden ist, in den letzten zehn Minuten sterben, um die Prinzipien von Anstand und Bestrafung aufrechtzuerhalten. Und dieses Genre hat zu vielen Jugendlichen den Glauben eingebläut, daß es ein noch ruhmreicheres Ende ist, unbesonnen in einen Kugelhagel zu laufen, als auf einem Motorrad oder in einem schnellen Wagen in den Tod zu rasen. Morrison hat die Seelen der Möchtegern-Märtyrer angesprochen, indem er sich als den absolut größten Möchtegern-Märtyrer dargestellt hat. Wenn er gleichzeitig mit Ärger und mit Fotografen konfrontiert war, dann nahm er gern eine Kreuzigungshaltung ein. Ständig – und meistens betrunken – bot er sich für irgendeine Art von spektakulärem Opfer dar.

Die beiden miteinander verwandten Themen, von denen Morrison besessen war, waren die wollüstigen dionysischen Kulte und die Form von frühen Fruchtbarkeitsbräuchen, die ihren Anhängern ein Weiterleben und Reichtum zusicherten, wenn sie einen Monarchen wählten (gewöhnlich einen jungen, gutaussehenden und auch sehr männlichen Mann), der geopfert wurde (gewöhnlich von jungen, sehr hübschen, verführerischen Frauen), und das nach sieben Jahren oder einer anderen angemessen mystischen Zeitspanne. Aus Morrisons Texten geht klar hervor, daß das die Rolle war, die er, wenn auch vielleicht nicht im Leben, so doch auf der Bühne spielen wollte: »Wir sind besessen von Helden, die für uns leben und die wir strafen.« Das war nicht nur eine düstere Feststellung, sondern Morrisons Beschreibung seines Jobs und des angestrebten Ziels seiner Karriere. Bei dem berühmt gewordenen Konzert 1969 in Miami, das zu seiner Verhaftung aufgrund von obszönem und laszivem Verhalten führte, spielte er bis zum Exzeß das Opfer. Er betrat mit Bart und Sonnenbrille die Bühne und trug ein kleines weißes Lamm auf dem Arm, als sei er ein finsterer präraffaelitischer Messias. Er beschloß das Konzert damit, sich vor einer schreienden Menge zu entblößen. Der einzig logische nächste Schritt hätte darin bestanden, sich der Meute zu überlassen und sich lebendigen Leibes verschlingen zu lassen. Doch statt dessen überließ er sich der Polizei.

Sogar seine Lederkleidung wurde zu einer Zutat des psychedelischen Cocktails. Er war der Eidechsenkönig, der alles konnte. Theoretisch umfaßte das auch die Fähigkeit, sich im entscheidenden Moment zu häuten und zu entschlüpfen, ehe man ihn auf dem Altar festhalten und das Messer zücken konnte. Zu den offenkundigen Vergünstigungen des Eidechsenkönigs gehörte auch, daß es ihm gestattet war, im gesamten Königreich sexuelle Eroberungen zu machen, sich nach Lust und Laune auszutoben – eine Form von Privilegien, die dem Feudalherrscher zustanden – »she was a princess/queen of the highway/he was a monster/black dressed in leather«.

Morrison hat ganz entschieden viele Überlegungen zu dem psychischen, sexuellen und ausgeflippten Drum und Dran angestellt, das mit Lederkleidung einhergeht. Zweifellos hat er die Art von weitschweifiger, komplexer und abgehobener Theorie entwickelt, für die sich die chronisch Verladenen begeistern. Jemand, der rumläuft und sich als der Eidechsenkönig bezeichnet, ist geradezu gezwungen, das einzuschlagen, was man als den Reptilienweg bezeichnen könnte. Der Reptilienweg ist eine Mischung zu beliebigen Teilen aus Jungscher Phallussymbolik und Dinosaurierangst – der gesamte Kram von Carl Sagan, der sich darum dreht, daß wir alle diese genetische Erinnerung an Zeiten haben, in denen die Dinosaurier die Welt nicht nur beherrschten, sondern sich auch gern unsere Säugetier-Vorfahren schnappten, die ersten kleinen Felltiere.

SCHUND UND SCHROTT

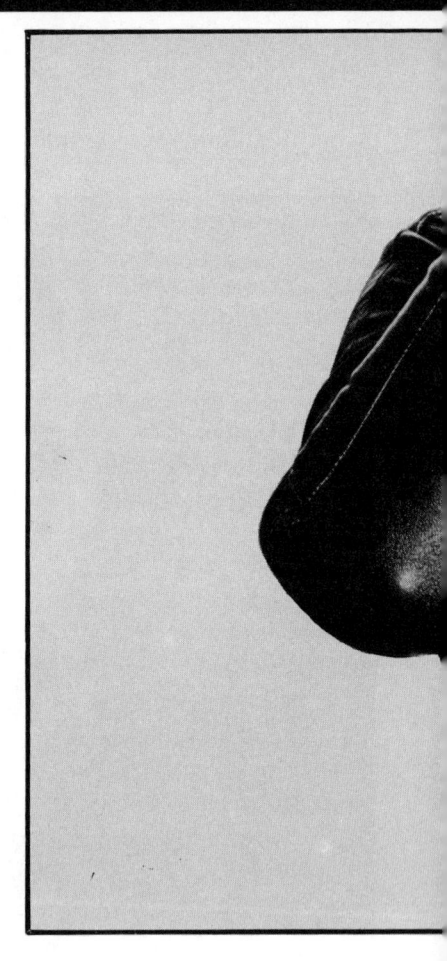

»Setz diesen dämlichen Ausdruck ab, und zieh dich aus!«
Gehorsam entkleidete er sich. Seine Hände zitterten ein wenig, und er fummelte an den Knöpfen des dunkelgrauen Anzugs herum.
»Schneller, du erbärmlicher Wurm, ich habe schließlich nicht den ganzen Tag Zeit!«
Zwischen schwarz behandschuhten Fingern bog sie die Reitpeitsche. Als er das letzte Kleidungsstück ablegte, nickte sie kurz.
»Und jetzt auf die Knie mit dir, du unwürdiges Stück Dreck!«

Er tat genau das, was ihm gesagt wurde, krümmte sich zusammen und preßte seine Stirn gegen den orangen Nylonplüsch des Hotelzimmerteppichs. Sie schien über ihm aufzuragen. Der Schein des Kerzenlichts spiegelte sich in ihrer schwarzen Lederkleidung, die die sanften Rundungen ihres Körpers betonte, kalt und hart und mächtig. Er hätte gern eine Hand ausgestreckt und sie berührt. Er konnte sich das warme rosa Fleisch unter dem grausamen, strengen Leder vorstellen. Er sehnte sich danach, aber er wagte es nicht, sich von der Stelle zu rühren. Er konnte nichts anderes tun, als die Spitze ihres schwarzen Lacklederstiefels mit dem Pfennigabsatz anzustarren. Und dann beugte sie sich über ihn und schloß die Riemen erst um seine Handgelenke und dann um seine Knöchel.
»Heb den Kopf.«
Er betete, sie würde den Knebel diesmal nicht benutzen.
»Mach den Mund auf, du Wurm.«
In dieser Beziehung gab es keine halben Sachen.

Man könnte es als billige Pornographie oder als Serienschund bezeichnen. Die Geschlechter sind unbegrenzt austauschbar. Männer mit Frauen, Frauen mit Männern, Männer mit Männern etc. Homo, hetero, schwul, lesbisch und möglicherweise kommt sogar der befremdliche Dobermann vor. Wenn man sich etwas vorstellen kann, dann druckt wahrscheinlich jemand Bilder davon ab, die ganze Zeitschriften füllen. Die große Mehrzahl der kommerziellen Pornos arbeitet mit einem recht simplen Indexsystem, das sich in Form von Karteikarten miteinander kombinieren läßt. Die Herstellung von Schund für die Leinwand oder für den Druck ist auch weitgehend automatisiert. Man vermengt die Geschlechter und hakt dann den üblichen Katalog von Vorlieben, Praktiken und Abnormitäten ab. Man braucht nicht allzu lange zu suchen, ehe man auf schwarzes Leder stößt – gewöhnlich als Zubehör des Sadomasochismus.

Das Problem bei jeder Erörterung des Sadomasochismus besteht darin, daß man auf der Stelle Ärger kriegen kann. Ist man ein Mann, so gehen einem Christen und Feministinnen an die Kehle. Ist man eine Frau, dann springen einem ebenfalls die Christen und die Feministinnen an die Kehle. Die *Vilage Voice* behandelt immer wieder die Streitfrage, ob Lesbierinnen, die S&M praktizieren, ein Platz in der Frauenbewegung zusteht. Ähnlich scheint auch ein großer Bereich der männlichen Schwulenbefreiungsbewegung zu glauben, daß die rauhen Lederstenzen mit ihren rasierten Köpfen, den verspiegelten Sonnenbrillen und der Vorliebe für Schlägereien dem Bild des verantwortungsbewußten Schwulen abträglich sind. In dieser Diskussion kann man auf der einen Seite die Formulierung ›eine mündige, klar umrissene sexuelle Vorliebe‹ hören und auf der anderen Seite hört man erbostes Klagen über Brutalität, Gewalttätigkeit, Vergewaltigung und Mord. Auf halber Strecke zwischen den Extremen kratzt man sich den Kopf und fragt sich ausgiebig, wie aus Genuß und Qual tatsächlich eine anregende sexuelle Mischung zustandekommen kann. Die am ehesten akzeptierte Form des S&M ist die der professionellen Domina, die an den weißen, mittelständischen Mann mittleren Alters eine entschieden verdiente Strafe austeilt, und das für ein paar hundert Dollar die Stunde.

Trotz des Wirbels, der darum gemacht wird, steht fest – und der Wirbel, der darum gemacht wird, scheint das sogar zu bekräftigen –, daß die sadomasochistischen Fantasien auf einen größeren Teil der Bevölkerung als den, der es sich eingesteht, eine intensive Bordellatmosphäre ausstrahlen und ihren Reiz haben. Von *Vogue* bis hin zu Rock-Videos ist es fast ausgeschlossen, sich den Fantasien von Dominanz und Unterwerfung zu entziehen. S&M hat die Popkultur in einem Maß infiltriert, daß Organisationen wie Frauen gegen Pornographie eine wirkliche Verschwörung unterstellen.

Ein perfektes Beispiel dafür, daß sich angesichts von Sex Gesichter umdrehen, es aber bei S&M dazu kommt, daß Köpfe mit einem schuldbewußten Zucken herumgerissen werden, finden wir in

Ledernacht im ›Heaven‹, einem Schwulenclub in London.

den frühen achtziger Jahren, als Amerika mit angehaltenem Atem die Tonbandaufnahmen von Vicky Morgan erwartete. Vicky Morgan war eine Prostituierte der Spitzenklasse, die die Mätresse des Kreditkartenzaren und Vertrauten Ronald Reagans, Alfred Bloomingdale, war. Als Bloomingdale 1982 starb, war Vicky sicher, daß sie aus Dankbarkeit für die Dienste, die sie dem älteren Multimillionär erwiesen hatte, eine mehr als angemessene Leibrente auf Lebzeiten bekommen würde. Davon wollte Bloomingdales Frau allerdings nichts hören. Sie ging vor Gericht, um sich absolut abzusichern, daß die Morgan keinen Präzedenzfall für siebenstellige posthume Unterhaltszahlungen schuf. Mit dem Richter in Führung schloß die herrschende Klasse ihre Reihen, und Vicky wurde abgefertigt, ohne einen Penny zu bekommen. Die Welt lächelte und wartete gespannt auf das Erscheinen ihres Buches.

Zu diesem Zeitpunkt breitete sich allerdings rasch das Gerücht aus, daß Vicky die Geistesgegenwart besessen hatte, die Videobänder an sich zu bringen. Und nicht nur die Videobänder von Alfreds Streichen. Ein Teil ihrer Pflichten bestand darin, die Gastgeberin bei Hundeleinen- und Auspeitschpartys in Washington zu spielen, bei denen prominente Mitglieder aus Reagans Umkreis zusammenkamen, um zu feiern und mit speziell zu diesem Zweck engagierten Ledermädchen herumzutollen. Auch dieses Zeug hatte Vicky auf Band. Spekulationen wurden so wach wie Snoopy zur Essenszeit. Wer war wohl auf den Bildern zu sehen? Meese? Clarke? Watt? Weinburger? Ann Burford? Doch sicher nicht etwa Ron höchstpersönlich? Die groteskesten Geschichten überlagerten die wollüstigen Gelage. Und dann, ein paar Monate später, war Vicky tot. Angeblich von ihrem schwulen Zimmergenossen ermordet. Ein Anwalt in Los

Wenn man sich etwas ausmalen kann, dann veröffentlicht auch schon irgend jemand Bilder darüber.

Angeles behauptete, die Bänder in seinem Besitz zu haben, aber er ließ sich schnell in die Knie zwingen und beschloß schließlich, er hätte sie vielleicht doch nicht, und es könnte sein, daß er nur davon gehört hätte. Der Pornokönig Larry Flynt behauptete ebenfalls ein paar Tage lang, im Besitz der Bänder zu sein, aber als die Bullen mit einem Haftbefehl an seine Pforten pochten, entschied auch er, er könne Verwirrungszuständen ausgesetzt gewesen sein. Wie dem auch sei – die Reagan-S&M-Bänder waren verschwunden. Vielleicht hat es sie auch nie gegeben. Der Grund für diese langwierige Abschweifung ist ganz einfach der, daß die schuldbewußte Faszination unterstrichen werden soll, die für so viele Menschen vom S&M ausgeht, und um Basisarbeit für eine zumindest minimale Erklärung dafür zu leisten, warum schwarze Lederkleidung eine so herausragende Rolle im sexuellen Underground einnimmt, der in den letzten zwei Jahrzehnten – genau genommen seit Emma Peel und *Mit Schirm, Charme und Melone* – einen immer größer werdenden Teil am gewagten Rand der wesentlichen Modeströmungen eingenommen hat.

Es könnte ein Trost sein, daß es so scheint, als existiere S&M weit häufiger in den Fantasien der Menschen als in ihrem wirklichen Leben, wenn man den recht ausgiebigen Sexforschungen des *Playboy* im Jahre 1983 glaubt. Nur fünf Prozent derjenigen, die die Fragen beantworteten, hatten sich auf irgendeine Form von sexuellen Kontakten, die den Schmerz als einen Faktor integrierten, eingelassen – oder zumindest zugestanden, sich darauf eingelassen zu haben.

Wenn wir versuchen, uns einen Weg durch das Spiegellabyrinth zu bahnen, das zur wirklichen psychosexuellen Bedeutung des schwarzen Leders und all dessen, was dazugehört, führt, müssen wir immer daran denken, daß das, was des einen Fetisch ist, des anderen Greuel sein kann. Der einfachste Weg besteht wahrscheinlich darin, auf die simpelsten Grundlagen zurückzugreifen.

Wir alle wissen, daß schwarzes Leder sexy ist. Man braucht nur auf die Straße zu gehen, wenn man sich darüber klar werden will. Schwarzes Leder, und insbesondere enganliegendes schwarzes Leder, ist eine blanke, spiegelnde Oberfläche mit einer Neigung dazu, die natürlichen Körperformen zu betonen. Es verstärkt die Wirkung jeder einzelnen Bewegung und daher auch die Ausstrahlung all dessen, was schon von Natur aus für den Träger spricht. Es arbeitet das Offensichtliche klarer heraus und gibt ihm eine zusätzliche Dimension. Dasselbe könnte man über jedes reflektierende Material sagen, von Seidenmoiré bis hin zum Vinyl, aber nichts von alledem wird diese tiefe erotische Bedeutung zugeordnet. Es ist entschieden nicht nur die reine Optik, die dem schwarzen Leder seine Wirkung verleiht. Wir müssen tiefergehen, um das Bild zu vervollständigen.

Wenn es nicht die Optik ist, dann bleibt uns nur noch der taktile Aspekt oder der symbolische oder eine Mischung aus beidem. Der taktile Reiz schwarzen Leders ist möglicherweise der seltsamste aller Aspekte, die wir in Erwägung ziehen müssen. Leder ist natürlich Haut, eine zweite tote Haut, die nach Belieben abgeworfen werden kann. In dem Punkt hat Jim Morrison mit seiner Eidechsenkönig-Fantasie absolut richtig gelegen. Der Durchschnittspsychologe wird einem sagen, daß das Tragen von Leder eine Form des Schutzes ist, möglicherweise sogar eine Form der Befreiung von neurotischen Spannungen, eine Form der Desensibilisierung und der Immunmachung. Das lebendige, verletzbare Fleisch wird von einer unverletzbaren toten Haut bedeckt. Gefühlsmäßig kann der Träger von Leder nicht getötet werden, weil er oder sie bereits äußerlich tot ist. Auf ähnliche Weise will das Gegenüber in einer Beziehung, in der Leder berührt und gestreichelt wird, auch eine Form der Immunität erlangen. Das Objekt der Begierde ist mit einer toten Haut überzogen. Es ist nicht wirklich sterblich und nicht absolut am Leben und daher irgendwie weniger bedrohlich als ein vollblütiger, lebendiger Partner, der Forderungen stellen oder ein höheres Maß an Reaktion oder emotionaler Nähe wünschen könnte als alles, wozu sich der Lederliebhaber in der Lage sieht.

Ehe wir uns jetzt allerdings auf geschlängelten Pfaden bis hin zur Nekrophilie winden, wird klar, daß wir wieder einmal über Rüstungen und die Illusion von Macht sprechen, die sich aus einer Rüstung ableiten läßt. Wir sind zur Magie des zwanzigsten Jahrhunderts zurückgekehrt. Die Wechselbeziehung zwischen S&M und schwarzem Leder ist weder eine Frage der Körperbetonung noch eine Frage des Todes. Den Zusammenhang stellt die Macht her. So wie schwarzes Leder auf der Straße einen dummen Teenager in Billy the Kid verwandeln kann, so kann schwarzes Leder im Schlafzimmer eine Systemanalytikerin in die Prinzessin der Finsternis verwandeln. Die Grundlage jeder S&M-Beziehung ist eine absolut vereinfachte Analogie einer Machtstruktur. Der dominante Partner besitzt in der Einbildungskraft absolute Macht über den Unterworfenen, der seinerseits über den rein oberflächlichen Schmerz und/oder die Demütigung hinaus die fast mutterleibshafte Geborgenheit der absoluten Zuwendung von Aufmerksamkeiten erfährt und gleichzeitig von jeder geringsten Verantwortung befreit wird, im sexuellen Bereich auch nur irgendwelche Entscheidungen zu treffen.

Des einen Fetisch ist des anderen Greuel.

Ein bestimmt nicht unbeträchtlicher Teil der Bevölkerung brandmarkt sowohl den zur Schau gestellten Mut des Punkers auf der Straße als auch das private Drama des S&M als Produkte einer jämmerlichen und tiefsitzenden Unzulänglichkeit. Der Punker auf der Straße ist in seiner eigenen Vorstellung ohne seine schwarze Lederjacke und seine Motorradstiefel der Welt, der er gegenübertreten muß, nicht wirklich gewachsen. In vergleichbarer Form sind die Menschen, die S&M praktizieren, nicht menschlich genug, um ihren Spaß an natürlichem Sex zu haben, und daher müssen sie sich in Zwänge und Verbote flüchten, zu Riemen, Schnallen, Leder und hohen Absätzen. Das häufigst zitierte Beispiel ist der zurückgezogene, sich windende und onanierende Mann mit seinen Knechtschaftsabbildungen in Zeitschriften, der über Bildern von gefesselten Frauen ejakuliert, weil er emotional zu verkümmert ist, um eine sexuelle Beziehung zu einem echten, lebendigen Menschen einzugehen. Das andere Extrem läßt sich durch eine Anzeige veranschaulichen, die eine gewerbliche Domina aus Detroit während des Republikanertreffens 1980 auf den hinteren Seiten der Zeitschrift *Screw* veröffentlichen ließ. Unter einem schmeichelhaften Bild der Dame, die in voller Kostümierung ihrem Gewerbe nachgeht, stand: »Laßt euch nicht von Carter auspeitschen, laßt euch von mir auspeitschen.«

Das ist, wenn es um S&M geht, das mit Abstand beliebteste Klischee, das auch während des anstehenden Vicky-Morgan-Skandals die Amis die Ohren spitzen ließ. Für die breite Masse liegt etwas Beruhigendes in der Vorstellung, daß die Machthaber und die Millionenschieber vor einer kostümierten Nutte auf Knien liegen könnten, um mit Fesseln und Schlägen die Sühne ihrer Sünden zu inszenieren. Es ist eine unendlich tröstliche Vorstellung, daß unsere Staatsoberhäupter kaputter sind als wir, daß ihr Geld und ihre Macht sie nicht glücklich gemacht haben, sondern sie nur schmerzlich gekrümmt wimmern lassen. Mein Problem besteht darin, daß ich mich nie in der Lage gesehen habe, mich der Unzulänglichkeitstheorie voll und ganz anzuschließen. Sie scheint sich mir zu sehr einem anderen Versuch anzunähern, eine klare Linie zwischen sauberem und schmutzigem Sex zu ziehen, und diese Versuche kennen wir bereits. Ebenso habe ich auch nie jemandem die Theorie abgekauft, daß sexuelle Vorlieben ausschließlich Ergebnis einer tiefgreifenden emotionalen Unausgeglichenheit sind, und ebenso unfähig bin ich, an die Vorstellung zu glauben, daß die Superreichen in Wirklichkeit unglücklich sind.

Einer der verheerendsten Züge der jüdisch-christlichen Kultur, angefangen mit dem Steinigen von Ehebrecherinnen, ist der, daß man die vernichtendsten negativen sexuellen Schlüsse voreilig zieht. Könnte es denn nicht sein, daß der Präsident eines multinationalen Firmenzusammenschlusses, wenn er in einem anonymen Hotelzimmer im Hilton vor seiner liebsten Domina kniet und für Riemen und Hiebe bezahlt hat, keine Schuld sühnt, sondern ganz schlicht auf einer zeitlich strikt begrenzten Basis die Neuheit der Machtlosigkeit auf unsicheren Füßen ergründen will? Wenn das nicht das Größte in seinem ganzen Leben ist, so entspannt er sich doch bestimmt in einer erfrischend anderen Identität, in die er vorübergehend schlüpft.

Ich bin sicher, daß es Menschen gibt, deren Sexualität durch Verluste in der frühen Kindheit eine bestimmte Form angenommen hat (»Meine Mutter hat mich zu einem Homosexuellen gemacht«), aber schließt das zwangsläufig diejenigen aus, deren Vorlieben durch

ihre eigene Fantasie, ihre Neugier und ihren kreativen Instinkt herausgebildet worden sind?

Aber keine Predigt wird viel an dem Umstand ändern, daß die breite Öffentlichkeit in dem Maß schockiert ist, in dem das Verhalten abweichend von der Norm ist. Natürlich ist auch ein Schock eine Demonstration der Verletzbarkeit, und die Hauptaufgabe einer jeden Gegenkultur vom Dadaismus bis zur harten Pornographie hat immer darin bestanden, jede Gelegenheit zu nutzen, diese wunden Punkte zu treffen. Eine der althergebrachten Taktiken besteht darin, das, was einst in die Intimität des Schlafzimmers gehörte, auf die Straße zu bringen. In den fünfziger Jahren entrüstete man sich über eine offenkundige Teenager-Heterosexualität; in den sechziger Jahren waren es das Rauschgift, der Rock 'n' Roll und das öffentliche Vögeln. Die siebziger Jahre sind vom Androgynen zur Knechtschaft fortgeschritten.

In einer Welt, die die Evolution der Popmusik von Frank Sinatra zu Boy George hingenommen und den Übergang von Doris Day zu Marilyn Chambers geschafft hat, gewöhnt man sich offensichtlich sogar an einen Archie Bunker. Daher war es auch unvermeidlich, daß die S&M-Requisiten schließlich aus dem Schrank gezerrt und vor der Menschenmenge beim Samstagseinkauf zur Schau gestellt wurden. Wenn sich das schwarze Leder aus Mistress Mara's Exclusive Dungeon mit dem schwarzen Leder verbindet, das auf den Motorhauben von Chevrolets sitzt und Bier trinkt, und wenn beide sich gegenseitig befruchten, dann kann man davon ausgehen, daß in der Mode der Spaß vorbei ist und der Ernst angefangen hat.

Je abweichender das Benehmen, desto schockierter ist die Öffentlichkeit.

SWINGING SINGLES

Die schwarze Lederjacke schaffte den Übergang von den sechziger Jahren in die siebziger Jahre eher sang- und klanglos. Aber so erging es schließlich fast allem, wobei möglicherweise Richard Nixon und seine nach außen schielenden Kumpane eine Ausnahme bilden. In der Gegenkultur machte sich eine gewisse Niedergeschlagenheit breit. Man hatte das Gefühl, eine Niederlage eingesteckt und Verzögerungen in Kauf genommen zu haben, und die Ideale versauerten. *Easy Rider* war vielleicht einer der letzten Filmhits des Jahrzehnts, aber man war sich nur allzu genau darüber im klaren, daß die Filmhelden Wyatt und Billy auf ihrer Suche nach Amerika von Bauern abgeknallt wurden und auf einer Seitenstraße in Louisiana ihr Ende fanden. Selbst der Silberlöffel war von Schwärze überzogen. Die Drogenbewegung im Untergrund, die einst die Sicherheit einer blumenreichen Umgestaltung der menschlichen Natur geboten hatte, hatte ihre Zuversicht verloren und war von den psychedelischen Drogen über die Amphetamine und die Barbiturate zum Heroin weitergezogen. Sie wankte auf dem Grat zwischen Ausbrennen und Sucht und sann als ein Echo von Grateful Dead darüber nach, was für ein langer, seltsamer Trip das doch gewesen war. Die Kinder mit den Buttons und den Boots hatten ihre Revolution verloren. Die einzigen Überlebenden wandten sich dem Terrorismus zu. Das FBI schien die Black Panthers systematisch zu ermorden oder zu verhaften. Der Rock'n'Roll hatte seine Unschuld verloren. Jim Morrison trank sich in Paris tot, und sogar die Hell's Angels hatten durch die Toten und die Brutalität beim Rolling-Stones-Konzert in Altamont Schäden davongetragen.
Natürlich liefen noch massenhaft schwarze Lederjacken rum, aber ein großer Teil ihrer Magie war ihnen

abhanden gekommen. Enttäuschte Radikale trugen sie noch, wenn sie in Bars herumhingen und sich fragten, was eigentlich schiefgelaufen war. Die schwarze Lederjacke war nach wie vor die Standarduniform der Motorradfahrer und ein beliebtes Kleidungsstück unter schwulen Strichjungen, aber die Frische und der Schwung schienen entwichen zu sein. Eine gewisse Tradition haftete der Lederjacke durch die Nostalgie der guten alten fünfziger Jahre an (eine Nostalgiewelle, die selbst 1984 noch nicht völlig abgeklungen war). In einem gewissen Maß war sie durch das Comeback ausgelöst worden, das Elvis Presley 1968 in einer Sondersendung des Senders NBC gab, und in einem Versuch, ein verschwendetes Jahrzehnt der Bikinifreuden hinter sich zu lassen, trat Elvis von Kopf bis Fuß in schwarzem Leder auf. Eine tiefgreifende Sehnsucht nach einfacheren Zeiten führte Ende der sechziger Jahre und Anfang der siebziger Jahre zu einem Rock-Revival, das Großbritannien Shakin' Stevens und Amerika Sha Na Na brachte. Auch Chuck Berry, Jerry Lee Lewis und der chronisch kranke Gene Vincent prangten wieder auf den Plakaten, wenn in einem Stadion ein Rock-Ereignis stattfand. Wenn man all das zusammenrechnet, kommt trotzdem nicht viel mehr heraus als *American Graffiti*, eine Schwemme von James-Dean-T-Shirts, das Musical *Grease* und die Fernsehserie *Happy Days*. Es wurde viel Geld damit gemacht, und Henry Winkler wurde damals unter den Noch-nicht-Zwölfjährigen zu einer Kultfigur, aber es lief wahrhaftig nicht auf das hinaus, was man als eine Massenbewegung bezeichnen könnte.

Noch schlimmer war, daß, während die fünfziger Jahre auf der Bühne und auf der Leinwand in Bonbonfarben verklärt wurden, die Lederjacke in Ladenketten und Einkaufszentren vermarktet wurde. Der Mythos der Le-

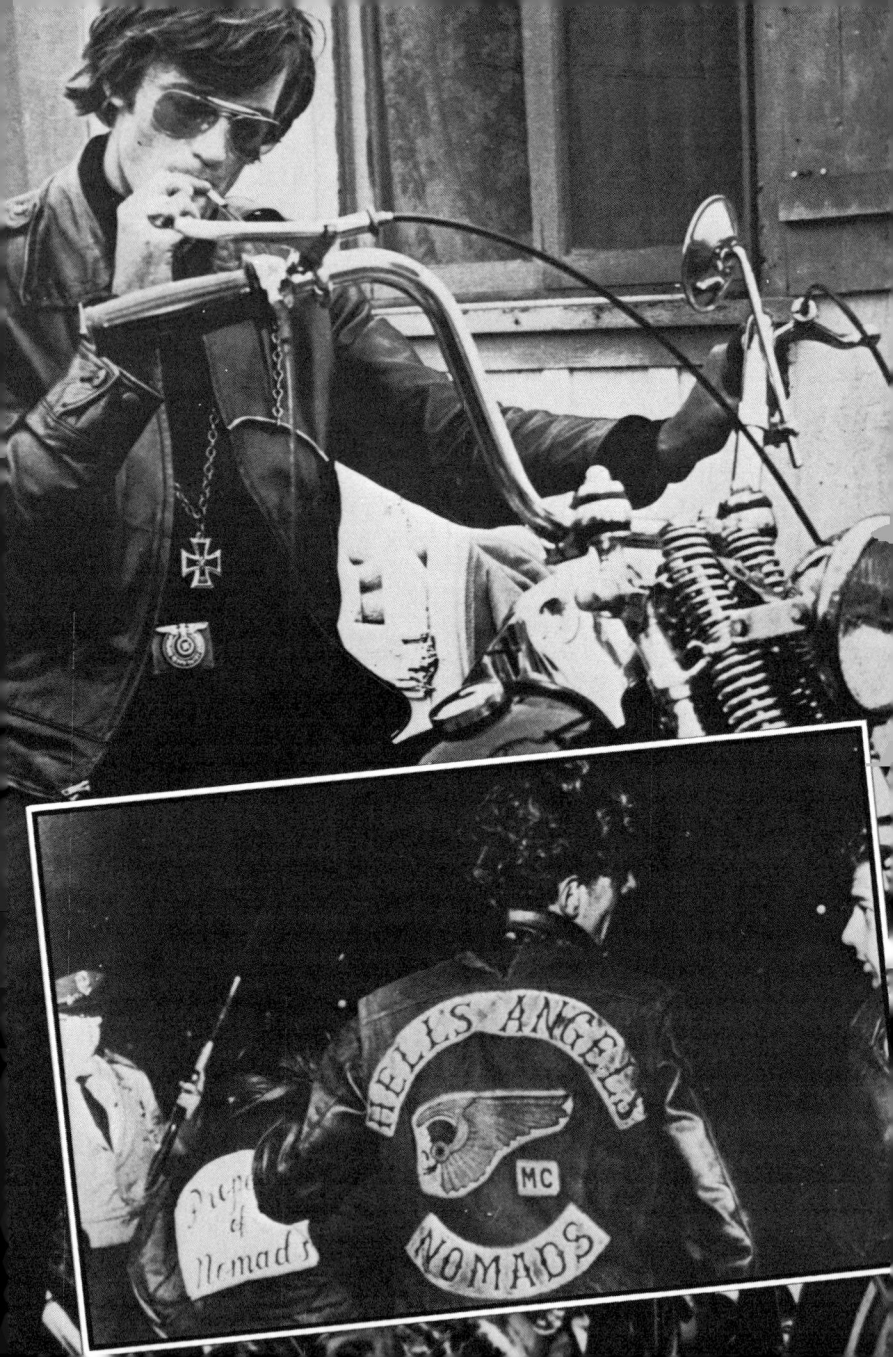

derjacke war durch die Medien derart angefeuert worden, daß es sich schließlich bis in die stillsten Kleinstädte und Vororte herumgesprochen hatte, und dort hieß der Aufstand der Jugend für alle außer den Jugendlichen – die wahrscheinlich schon Jahre zuvor weggelaufen waren – Sony und Cher. Boutiquen und Ladenketten hatten dort, wo früher Windjacken, Anoraks und vielleicht sogar die alte Nehru-Jacke herumgehangen hatten, jetzt ganze Ständer stehen, an denen Lederkleidung hing, die entschieden von jeglicher Magie befreit war. Es waren adrette Annäherungswerte an die eigentliche Lederjacke, mit komischen Revers, verunsicherten Reißverschlüssen und einer Tendenz, im Lauf von wenigen Wochen auseinanderzufallen. Es gab sie in Schwarz – aber auch in Blau, Beige, Flaschengrün und Burgunderrot. Ihre Träger kombinierten sie mit Hosen, die unten ausgestellt waren, mit gemusterten Oberteilen, Gucci-Schuhen, teuren Goldketten, Brustbehaarung, überdimensionalen Uhren und kleinen roten europäischen Sportwagen.

Diese neue Mutation wurde schnell zur Standardkleidung für Swinging Singles, die aufreißen gingen, die Sorte von Leuten, die glaubten, daß Verführung eine Frage von Sammy Davis, Gesprächen über Astrologie und zwei Flaschen Mateus Rosé war. Noch später sollte diese ›Ersatz‹-Lederjacke auf den Golfplätzen auftauchen, schließlich zur Garderobe von unfähigen kleinen Gaunern gehören, von John Travolta in *Saturday Night Fever* am Tag getragen werden und die Erfolgskleidung für Individuen werden, die verspiegelte Sonnenbrillen trugen und in den Herrentoiletten

---

Das Leben und die Kunst setzen ihren Flirt miteinander fort.
Peter Fonda in *The Wild Angels* (Die wilden Engel) und die Verhaftung echter Hell's Angels in New Orleans.

von Diskotheken Upper verkauften. Diese Gattung hat bis heute in schlechten Fernsehserien und bei denjenigen, die sich diesen Sendungen entsprechend kleiden, überlebt.

Aber zum Glück läßt sich eine gute Gegenkultur nicht unterdrücken. Es stimmt, daß die schillernde Extravaganz der frühen siebziger Jahre der schwarzen Lederjacke ursprünglich absolut nicht gut getan hat, und eine Zeitlang wurde sie sogar ganz in den Schatten gestellt – von goldenen Hosenbeuteln und dreißig Zentimeter hohen durchsichtigen Plexiglasabsätzen an Stiefeln, in deren Sohlen lebendige Goldfische herumschwammen. Aber das Schillernde ist dennoch in diesem Zusammenhang von Bedeutung, denn erst die Übertreibung schuf die Situation,

In der Jackenkunst wird das Sublime lachhaft. Im Rock'n' Roll heißt das Lachhafte Kiss.

die zum geballtesten Comeback des schwarzen Leders führte.

Die Generation, die direkt nach den Hippies ins Teenageralter kam, stand vor einer Reihe von einzigartigen Problemen. Was die Rebellion der Jugend anging, so hatten die sechziger Jahre das gesamte Spektrum abgedeckt. Die bekifften Be-ins des innersten Zirkels der Blumenkinder, die Drogenexzesse und der laienhafte Satanismus der Rolling Stones bis hin zu den Bombenanschlägen von Weather Underground hatten nur wenige Wege offengelassen, die den Ausdruck einer gesunden Verachtung der Reife und des Staates ermöglichten. Um die Dinge noch komplizierter zu machen, hatte das vergangene Jahrzehnt ganz beträchtliche Trümmer hinterlassen, von schnorrenden, langhaarigen Wracks bis hin zu einer Rock'n'Roll-Elite, die, da sie die sechziger Jahre überlebt hatte, der Meinung war, ihr stünde für den Rest ihres Lebens ein unbestrittener Platz im Pop-Pantheon zu.

Die Jugendkultur hatte es satt, sich rumschubsen zu lassen, und als sie begann, darüber nachzusinnen, welche Unerfreulichkeiten die reale Welt für die zweite Hälfte der siebziger Jahre bereithalten mochte, stellte sie fest, daß sie in ihren Einstellungen zu ihrem Image und zur Mode umdenken mußte. Längerfristig gesehen konnten Glitter und Fummel nicht mehr als eine vorübergehende Modeerscheinung sein, und wenn man daraus vielleicht auch einiges würde lernen können, so paßte ein aggressiverer, rauherer Look doch besser zu den anscheinend verheerenden Zeiten. Das Produkt dieser Erkenntnis waren die Punker, und mit ihnen kam die Lederjacke wieder massiv zu ihrem Recht.

Die ewig junge schwarze Jacke wirkt auch heute noch anziehend.

DIE NEUEN BARBAREN

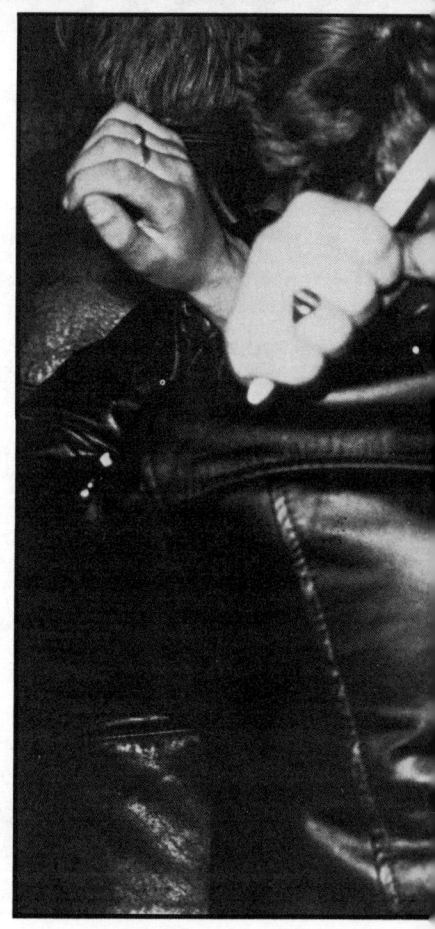

In der Wardour Street, die in Nordsüdrichtung durch den Londoner Stadtteil Soho verläuft, steht ein Pub, der sich Ship nennt. Die Kundschaft besteht aus Filmleuten, Musikern und deren Gefolge und vereinzelten Touristen, die durch die Stadt streifen. Angesichts des Umstandes, daß eine Anzahl der größeren Filmverleihe, aber auch der Marquee Club im selben Eck liegen, ist das nicht weiter erstaunlich. Der Marquee Club war schon in den frühen sechziger Jahren ein entscheidendes Sprungbrett für den britischen

Rock'n'Roll. Die Rolling Stones haben dort gespielt; als die Who sich an einem Dienstagabend dort ihren Namen machten, wurde der Club geradezu legendär. Bis heute zeigen sich dort die Jungen und die Erwartungsvollen. Der Wirt des Ship und seine Belegschaft haben jede Moderichtung, die sich aus dem Rock'n'Roll und der dazugehörigen Jugendkultur entwickelt hat, miterlebt und schließlich auch toleriert. Sie haben die Konflikte zwischen den Mods und den Rockern überstanden, sie haben die Blumenkinder kommen und gehen gesehen, und sie waren sogar David Bowies Gastgeber. Was ihnen im allgemeinen größere Sorgen als die ausgeflipptesten Rock-Fans bereitet hat, waren die barbarischen Horden, die alle zwei Jahre über London hereinbrechen, um sich das Fußballspiel England gegen Schottland anzusehen, und die im allgemeinen bemüht sind, nach dem Spiel die Stadt unsicher zu machen. An eben diesen Abenden blieb die Bar geschlossen. Aber als ich in einer naßkalten Nacht Ende 1976 die Bar betrat, um etwas zu trinken, schien man in Erwägung zu ziehen, den Laden zu schließen, und weit und breit war kein Fußballfan zu sehen.

Ich kann mich nicht erinnern, welche Band im Marquee gespielt hatte. Es war eine der frühen Punk-Gruppen – etwas wie X-Ray Spex, Sham 69 oder Subway Secret – und das Ship hatte seine erste Erfahrung mit einem wahren Punker-Exzeß gemacht. Nach Angaben derer, die noch herumsaßen und darüber redeten, war unter der Menge derer, die vor dem Auftritt der Band gekommen waren, um etwas zu trinken und rumzuhängen, eine in Leder gekleidete Punkerin gewesen, die ihre Freundin an einer Hundeleine mit Halsband in das Lokal führte. Ihre Freundin war mit Schuhen, Strümpfen, einem Strumpfgürtel, einem durchsichtigen Müllsack aus Plastik und einem Gürtel bekleidet. Der Wirt war außer sich geraten und hatte sie rausgeworfen. Er hatte geschrien, er war rot angelaufen, und er hatte geschwitzt. Er hatte gesehen, wie sich Jimi Hendrix bewußtlos getrunken hatte, er hatte Keith Moon bei einer Verfolgungsjagd quer durch das Lokal erlebt, aber so etwas hatte er noch nie gesehen. Es war ein perfekter Affront, und seine Reaktion war entsprechend gewesen. Eine Vorstellung, die die Punks von dem Glitter ihrer Vorgänger übernahmen, war die, daß das jeder konnte. Als sich die Fronten erhärteten, was um die Mitte der siebziger Jahre passiert zu sein scheint, ging es nicht mehr darum, eine Illusion von Glanz zu wecken. Die Punker nahmen den Standpunkt ein, daß Illusionen Quatsch sind. Sie wollten nicht nach den Sternen greifen, sondern alles einreißen. Aus mit den Sternen. Aus mit den Idolen oder Leitfiguren oder den Helden des Massenmarkts. Jede Band, die zwei japanische Gitarren hatte, drei Akkorde spielen konnte und in einer Garage auftrat, war genauso gut wie Led Zeppelin. Manche forderten sogar ein endgültiges Ende des Rock'n'Roll. Sie waren der Schlägertrupp, und sie machten die Stadt unsicher. Hup, hup. No future. Und keinen Penny. Anarchie.

Sie sollten zwar mit der Zeit auch ihre typischen Accessoires und ihr Zubehör herausbilden, doch von den Punkern ging etwas schmucklos Karges aus, das viel mehr mit den fünfziger Jahren als mit den sechziger Jahren zu tun hatte. Sie schnitten sich das Haar und schmierten es ein, bis sie es als steife, zornige Stacheln aufstellen konnten. Manche schoren sich die Köpfe kahl. Das Zubehör war schon fast minimalistisch: schwarze Lederjacke, schwarze Jeans und schwere Stiefel. Sie holten die Popmusik von ihren vierzigminütigen Erkundungsreisen der Cream oder der Grateful Dead zurück und gaben ihr wieder ihre ursprüngliche Form von zweieinhalb Minuten und ganzen drei Akkorden.

Der Punk war an sich eine gründliche Erforschung der unüberbietbaren Häßlichkeit, und diese Erkundungen schlugen mit einer Kühnheit Wege ein, die noch keine Kultur vorher eingeschlagen hatte. Vor allem in London wandten sie sich in den frühen Zeiten des ersten Sturms der Punk-Bewegung jeder herkömmlichen Vorstellung von Zivilisiertheit ab, indem sie zur kosmetischen Verstümmelung aufriefen. Die Sicherheitsnadel, die älteren Komikern soviel Munition liefern sollte, wurde durch Lippen, Nasenlöcher und Ohren gebohrt. Ketten dienten als Nasenringe und Ohrgehänge. Hände, Arme, Oberkörper, Geschlechtsorgane und sogar Gesichter wurden mit rohen Tätowierungen, die an Gefängnisinsassen erinnerten, verziert, und Schminke wurde häufiger zur Entstellung als zur Verzauberung eingesetzt, und kein Kleidungsstück war auch nur einen Dreck wert, solange es nicht verrissen und zerfetzt war.

Zwar schien es zu dieser Zeit niemand zu bemerken, doch die Punker hatten ein hochentwickeltes Gespür für Pop-Symbolismus. Das war nur zu selbstverständlich bei einer Generation, die von der Wiege bis zur Pubertät mit Fernsehen total gelebt hatte und optische Eindrücke zusammentrug, die der Image-Bildung dienten, ehe sie laufen konnte. Das Geburtsdatum der Punker, das um 1960 herum anzusiedeln ist, fiel genau mit dem Zeitpunkt zusammen, zu dem das Fernsehgerät weltweit als elektronischer Babysitter akzeptiert wurde. Das ließ nicht nur ein riesiges, unbewußtes Repertoire an Pop-Symbolen zurück, sondern bewirkte auch ein völliges Fehlen jeder Hemmung, jede verfügbare Symbolik in das eigene Image einzubauen. Der New Yorker Sänger Richard Hell behauptet, das zerrissene T-Shirt erfunden zu haben, das eine Zeitlang einen Eckpfeiler der Punkermode bildete. Wahrscheinlicher ist es jedoch, daß Hell, ob bewußt oder unbewußt, das zerrissene Unterhemd von Marlon Brando als Stanley Kowalski in *A Streetcar Named Desire* (Endstation Sehnsucht) gesehen hat, daß ihm das, was er gesehen hat, gefallen hat und daß er es als einen Teil seiner professionellen Ausstattung übernommen und im Rahmen seiner Eigenwerbung nicht nur für sich und seine Musik, sondern auch für diesen Look geworben hat.

Der Gebrauch von Symbolen unter den Punkern liefert uns einen sehr anschaulichen Leitfaden für ihre zugrunde liegende Philosophie. Das ist insofern ein Glück, als sie im übrigen ganz generell einen Mangel an Artikulationsvermögen gezüchtet haben. Dort wo die Hippies über Stunden weitschweifige Ausführungen zu ihren spirituellen und politischen Ambitionen losgelassen hätten, neigten die Punker dazu, finster zu schauen, Unflätiges zu murren und dann, wenn ihre bewußt eingeschränkte Aufmerksamkeitsspanne zu Ende ging, handgreiflich zu werden. Die schwarze Jeans, das zerfetzte T-Shirt und die Stiefel stellten, wie ich bereits angesprochen habe, eine direkte Rückbesinnung auf eine romantische Erinnerung an die Schlägerbanden der fünfziger Jahre dar. Insofern definierten sie sich selbst als traditionellen Abschaum. Aber es reicht ihnen bei weitem nicht aus, der Tradition verhaftet zu bleiben. Zu Beginn setzte eine Schwemme von Nazi-Abzeichen ein; das ging Hand in Hand mit der Verunstaltung der eigenen Person. Die meisten fanden schnell heraus, daß diese spezielle Form der Beleidigung des Auges sich mit der Zeit abgenutzt hatte, da die Motorradfahrerclubs schon vor einem dutzend, wenn nicht mehr Jahren dieses Image eingeführt hatten. Die Mehrheit ließ diese ganze Idee schnell wieder sausen, wogegen sich diejenigen, die ihre Hakenkreuze und ihre SS-Totenschädel beibehielten, sich gezwungen sahen, weiterzugehen und eine Spielart neofaschistischer Widerlichkeit herauszuarbeiten. Der Punk war eine der wenigen Jugendbewegungen, die eine politische Polarisation innerhalb der eigenen Reihen verkraften konnte, ohne sich aufzuspalten.

Der Punk verstand sich jedoch nie als eine politische Bewegung. Er akzeptierte, daß die westliche Zivilisation nur durch einen Knopfdruck von ihrem Zusammenbruch und ihrer Verwüstung getrennt war und diese klägliche Zukunft widerspiegelte. Die einzige Möglichkeit, auf diesen Glauben zu reagieren, daß die Apokalypse direkt bevorsteht, bestand darin, ein volles Inventar an Negativa zu züchten – Wut, Gewalttätigkeit und eine abgekapselte Feindseligkeit. Das war eine Extremreaktion auf die Einstellung der Jugend der sechziger Jahre. Liebe und Frieden waren erprobt worden und hatten sich als ein schlechter Witz erwiesen. Die Punker verachteten die Hippies – ihre älteren Geschwister oder sogar ihre Eltern – rückhaltlos für das, worin sie ihr Versagen sahen. Die Sex Pistols faßten diese Haltung in zwei schlichten Worten zusammen. »No future.«

Mehr als jede andere Generation seit dem Zweiten Weltkrieg hatten sie das Gefühl, eine persönliche Rüstung gegen das Ende von allem zu brauchen. Schwarzes Leder und Nagelbeschläge reichten nicht annähernd aus. Die Grundausstattung mußte mit noch potenterer Symbolik verziert werden. Viele liebäugelten mit den Riemen und Schnallen, den Spikes und Halsbändern aus der S&M-Kiste. Lumpen wurden in Streifen gerissen, und die Streifen wurden beliebig um Oberschenkel und Unterarme gebunden. Abfall wurde zu Schmuck umfunktioniert. Manche übernahmen das anarchistische A in einem Kreis. Andere griffen auf den roten Stern und auf Hammer und Sichel zurück. Die Clash bevorzugten Kampfkleidung, bei der nichts zusammenpaßte und die durch die Terroristen in den Fernsehnachrichten inspiriert wurde. Selbst die Tänze der Punker wurden absolut anti-sinnlich. Der Pogo, aus dem sich schließlich der Slam entwickelte, war und ist ein solches Ritual dieser stilisierten und doch unreflektierten Gewalttätigkeit, daß man eine Schlägerei in einer Bar am Samstagabend kaum noch von einem Tanzvergnügen der Punker unterscheiden konnte. Die Punker waren so schutzbedürftig, daß sie atavistisch wurden, in die Barbarei zurückfielen. Statt nur eine neue Generation von Teenagern mit rauhen Sitten sein zu wollen, sahen sie sich selbst als die neuen Barbaren an.

Wenn man seine gesamte Identität verändern will, dann ist es ein sehr geschickter Schritt, zuallererst einen neuen Namen anzunehmen. Das war möglicherweise eine der entscheidendsten Neuerungen der Punk-Bewegung, und hierin drückte sich deutlich der Wunsch aus, unter einer Zivilisation herauszukriechen, die am Einstürzen war. Sie gaben sich nicht damit zufrieden, sich für die Apokalypse entsprechend anzukleiden, sondern sie wollten auch noch als Jane Suck, Lydia Lunch, Johnny Rotten oder Sid Vicious bekannt werden. Mit Ausnahme von zwei

Dutzend Rock-Stars hatte man etwas Derartiges noch nicht gesehen. Im Lauf von dreißig Jahren hatte die ziellose Rebellion einen Punkt der anscheinend absoluten Entfremdung ereicht.

Wenn es der ursprüngliche Antrieb der Punker gewesen war, zu schockieren, dann haben sie den exakt richtigen Ansatz gewählt. Der allgemeine Wirbel, den sie mit ihrem ersten Auftauchen auslösten, übertraf den Wirbel, mit dem Elvis Presley, die Rolling Stones oder die erste Blütezeit der Hippies begrüßt worden waren. Von einem englischen Vater mit vier Kindern heißt es, er habe sein Fernsehgerät kaputtgeschlagen, als die Sex Pistols erstmals in einer britischen Talk Show auftraten. Die Polizei von Los Angeles wurde angeklagt, sich auf eine klar definierte blutige Fehde mit den Punkern von Venice und Huntingdon Beach eingelassen zu haben. Neofaschistische Schläger unternahmen den Versuch, Johnny Rotten vor einem Pub in London zu töten oder zumindest zu verstümmeln. Selbst diejenigen, denen man mehr zugetraut hätte, wurden von Grauen gepackt. Die Radikalen der sechziger Jahre blickten finster und murrten. Das Rock-Establishment erhob seinen Protest in der Form, die Punker »bekommen neunundneunzig Prozent der Pressebesprechungen und verkaufen ein Prozent der Platten«. Wie die meisten kulturellen Sensationen wurde der Punk als ein kurzlebiges Phänomen abgetan. Der bei weitem größere Anteil der Rock-Kritiker war sichtlich erleichtert, als mit der New-Wave-Richtung herkömmliche Werte wie handwerkliches Können, Kreativität und hübsche Gesichter wieder eingeführt wurden. Sie fühl-

Im Punk und im Post-Punk wurde das schwarze Leder Bestandteil der Straßenkleidung.

ten sich bei Elvis Costello und den Attractions wohler in ihrer Haut als bei Darby Crash und den Germs. Doch trotz der laufenden Todesanzeigen starb der Punk nicht aus. Interessanterweise stagnierte er auch nicht und bewies somit, daß diese Bewegung nicht, wie es sich viele Leute vorgestellt hatten, der Endpunkt einer gesellschaftlichen Entwicklung war. Der Punk ging weiter. Auf einer Ebene spielte sich eine Mutation zum Exzeß und zur Härte hin ab, und in anderen Bereichen schliff er sich ab und wurde verschwommener und nahm einen festen Platz im allgemeinen Erscheinungsbild auf der Straße ein. In beiden Fällen machte die schwarze Lederjacke die Mutationen mit.

Wenn man eine Linie von Gene Vincent über Jim Morrison zieht und sie dann in die siebziger Jahre weiterführt, gelangt man zu Sid Vicious. Wenn James Dean das Phantombild der Teenager der fünfziger Jahre war, dann war Sid Vicious das Phantombild des Punkers der siebziger Jahre. In seinen zerrissenen schwarzen Jeans, seiner schwarzen Lederjacke, dem zerrissenen T-Shirt oder ganz ohne Hemd hatte er diese spezielle Richtung, die das Image des Rock-Stars eingeschlagen hatte, zu einem minimalistischen Extrem geführt. Meine persönlichen Erinnerungen an Sid Vicious sind keineswegs freundlich. Ich erinnere mich an einen zerlumpten, jungen Schläger mit blutunterlaufenen Augen und schwabbeligem Gesicht, der am Rande des Komas schwebte und den ich mied wie die Pest und der nach ein paar Flaschen Carlsberg einen Hang dazu hatte, die Leute, die ihm gerade unter die Finger kamen, mit dem Vorhängeschloß und der Kette, die er immer um den Hals hängen hatte, zu verdreschen. Zu diesen tätlichen Angriffen kam es häufig ohne jede Vorwarnung und auch ohne eine vorangegangene Provokation. Meine persönlichen Beobachtungen sind jedoch hier nicht weiter von Bedeutung. Nach seinem Tod durch eine Überdosis Heroin in einer Wohnung in Lower Manhattan, der auf seine Verhaftung wegen des angeblichen Mordes an seiner wahnsinnigen Freundin Nancy Spungen folgte, wurde er zu etwas weitaus Gewaltigerem aufgebauscht als was er jemals war.

Erst im Sommer 1980 wurde mir der Kult, der sich um Sid herum gebildet hatte, wirklich bewußt. Ich stand in einem Plattenladen und ging mit dem Daumen die Gruppen mit ›S‹ durch, ohne an etwas Bestimmtes zu denken. Im ersten Moment fielen mir die beiden jungen Mädchen, die mit dem Rükken zu mir standen, gar nicht auf. Zum Teil beachtete ich sie auch ganz bewußt nicht. Sie steckten in dem Übergangsstadium zwischen Beinah-Teenager und Pubertät, in dem es unerläßlich ist, zwischen ersticktem Kichern und weltgewandtem Straßenjargon zu schwanken. Das hat mich schon mit zwölf nervös gemacht, und es raubt mir noch heute jeden Nerv.

Sie machten Kaugummiblasen und betrachteten sich sorgsam das Cover eines Albums: *Sid Sings*. Von dem Moment an fielen sie mir auf. Sie behandelten das Plattencover mit der Art von Ehrfurcht, die sie als echte Fans verriet. Es war eine Ikone. Sie sahen Sid Vicious mit der feuchten Glut in den Augen an, von der ich bis dahin geglaubt hatte, sie sei auf Leif Garret oder Scott Baio gerichtet.

Ich wußte, daß sich um mich herum etwas abspielte, worauf ich bisher noch nie gestoßen war. Das also war Sids Fangemeinde. Es waren keine übriggebliebenen jungen Punkerinnen vom vorletzten Sommer. Sie hatten keinen wirklichen Bezug zur New-Wave-Musik. Sie würden niemals im Mudd Club landen. Sie waren Sid ganz einfach rückhaltlos verfallen. Ich entschloß mich, in eine Bar zu gehen und über all das nachzudenken. Auf der Herrentoilette fand ich die Inschrift: »Sid lebt.« Ich fing an, mich an all die anderen Herrentoiletten und Wände zu erinnern, auf denen ich Graffiti gelesen hatte, die sich um Sid Vicious drehten: Mir wurde klar, daß es einen ganzen Haufen davon gab. Sids Anhänger mußten eine Streitmacht sein, deren Truppenstärke man nicht unterschätzen durfte.

Es dauerte eine Weile, bis mir klar wurde, womit ich es hier zu tun hatte. Sid hatte nicht mehr mit Musik zu tun, als James Dean mit dem Film zu tun hatte. Der verstorbene Sid Vicious ist jetzt ins Reich der Altäre, der Bilder und der geheiligten Zeitungsausschnitte eingegangen. So etwas hat es lange nicht mehr gegeben. Selbst der unwahrscheinliche Wirbel, der um das Ende von Elvis veranstaltet wurde, war nur der Schlußtakt von etwas, was sich zwanzig Jahre lang dahingewälzt hatte.

Der Kult um Sid Vicious war völlig neu.

Um diesen Kult um Sid zu verstehen, müssen wir zu James Dean zurückgehen. Es gibt keine Parallele zu den Rolling Stones oder den Beatles; sie waren zugänglich und zu menschlich. Janis und Jimi reichen auch noch nicht. Jim Morrison hätte es fast geschafft; er bemühte sich wahrhaft inbrünstig genug darum, eine Kultfigur zu werden, aber der Tod im Exil nach fortgeschrittener Fettleibigkeit disqualifizierte ihn. Die eheste Annäherung an eine wahre Ikone der sechziger Jahre war vielleicht Charles Manson, aber das ist ein Stein, den man besser nicht umdreht.

Nein, das perfekte Beispiel ist James Dean. Er hat drei Filme und ein Autowrack zustandegebracht. Für die fünfziger Jahre war das die Verkörperung des perfekten Teenager-Traums: Er schaffte es, ein Filmstar zu werden, und dann starb er in einem schnellen Wagen.

Das qualifizierte ihn für Walhalla. Wenn man es unbedingt anthropologisch betrachten will, könnte man James Dean als eines dieser heidnischen Symbole einstufen, auf die Jim Morrisons ganzes Trachten ausgerichtet war — ein Fruchtbarkeitsopfer, der jugendliche Gott-König, der sterben muß, damit alle anderen überleben. Diese Vorstellung wird jedoch etwas unerfreulicher, wenn wir zu Sid Vicious zurückkehren. James Dean war ein Filmstar, der in einem Autowrack starb. Sid Vicious war ein Rockstar, der in einen Mord/Selbstmordskandal verwikkelt war.

Sids Karriere war eine kurze Karriere. Er hing mit John Lydon rum, dachte sich seinen Namen aus, ersetzte Glen Matlock bei den Sex Pistols (weil Matlock spielen konnte und er nicht), unternahm eine katastrophale Tournee durch die USA und brachte eventuell Nancy um und verpaßte sich dann eine Überdosis. So soll sich der Teenager-Traum innerhalb von fünfundzwanzig Jahren verändert haben? Zweieinhalb Jahrzehnte in der Praxis des zwanzigsten Jahrhunderts haben das, woraus die wirklichen Romanzen sind, in etwas verwandelt, was bei Genet geklaut ist.

DIE HÄUTE DER WILDEN

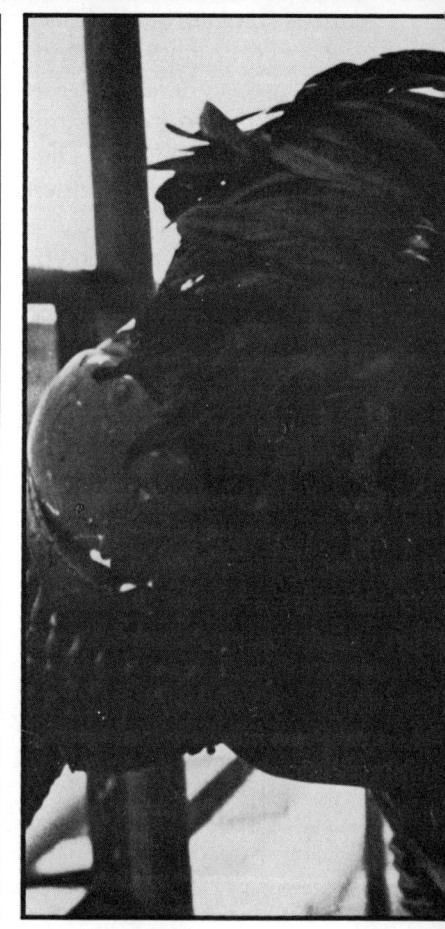

Als Robert DeNiro, der in dem Film *Taxi Driver* den gestörten Travis Bickle spielt, sich den Kopf zu einem mohikanischen Haarschnitt abrasiert, gibt uns der Regisseur Martin Scorsese damit ein deutliches Signal dafür, daß Bickle auf dem Weg nach unten bereits vorangeschritten ist und daß es nur noch eine Frage der Zeit ist, bis er zum Mörder wird. Mit perversem Vergnügen übernahm die Hardcore-Bewegung des Post-Punk diese Frisur als den zweitbesten aller Haarschnitte. Mit diesem einen Schritt deuteten sie an-

In einem Aspekt ist man sich in der post-apokalyptischen Science Fiction einig, nämlich darin, daß angedeutet wird, die nördliche Hemisphäre werde im Lauf des Dritten Weltkriegs in nuklearen Flammen aufgehen, doch Australien werde entweder überdauern oder zumindest noch etwa ein Jahr länger bestehen und die Strahlung erwarten. Eine der frühesten Ausarbeitungen dieser Vorstellung war Nevil Shutes Roman *On the Beach* (Das letzte Ufer), der später von Stanley Kramer mit Gregory Peck, Ava Gardner, Fred Astaire und Anthony Perkins verfilmt wurde. In diesem Film erwarten Australier der Mittelklasse in den verschiedenen Stadien beherrschter Hysterie den verzögerten atomaren Untergang. Das war die Version von 1959. 1980 hatten wir dann *Mad Max*, und das war schon etwas ganz anderes.

In *Mad Max* zeigt Regisseur George Miller Australien nach einem globalen Holo-

deren Passanten gegenüber nicht nur an, daß auch sie eine Art von kollektivem Persönlichkeitszusammenbruch durchmachen und daß es nur eine Frage der Zeit war, bis auch sie zu morden begannen, sondern sie gaben dem allen auch noch einen bemerkenswerten Stammescharakter. Es ist eine Streitfrage, ob jemand mit einem gewaltigen Hahnenkamm aus rosa Haar auf einem ansonsten abrasierten Schädel noch zu der Zivilisation gehört, wie wir sie kennen.

caust. In seiner Sicht jagen geschwindigkeitsbesessene Bullen mit schwarzer Lederkleidung in ›GT‹-Sportwagen reichlich konventionelle Banden von Motorradfahrern und schnellen Flitzern. Ein paarmal konnte man lachen; einige Figuren sterben auf gräßliche Weise; der Held der Bullen (Max, gespielt von Mel Gibson) stellt fest, daß seine Frau und sein Kind von Motorrad-Desperados vergewaltigt und ermordet worden sind, und als Finale stellt Max einen der Täter vor die Wahl, sich selbst den Arm abzusägen oder in einem Benzinfeuer verbrannt zu werden. Rein äußerlich betrachtet ist *Mad Max* nichts weiter als eine interessante, aber unbedeutende Kreuzung aus Science Fiction und dem Genre der Autohetzjagd. Vom Schema her gehörte der Film zwischen *Hell's Angels on Wheels* und *The Hills Have Eyes*, aber er war gewiß kein *Deathrace 2000* und wäre auch mit Sicherheit nicht weiter als durch einen Eintrag in *Movies on TV* gewürdigt worden, hätte George Miller nicht einen zweiten Streifen nachgedreht.

Mad Max II (Mad Max – Der Vollstrecker) – in den USA unter dem Titel *The Road Warrior* herausgekommen – besagt ebensoviel über die Entwicklung des Stils in den achtziger Jahren, wie *The Wild One* (Der Wilde) über die Entwicklung des Stils in den fünfziger Jahren. Möglicherweise ist dieser Film sogar noch wesentlicher. Dort, wo *The Wild One* grundlegendes über die frühen Motorradfahrermoden und das Hipster-Verhalten zusammentrug, nahm Miller in diesem zweiten, 1981 gedrehten Streifen die vorherrschenden Verhaltensweisen von Punk und Hardcore und übertrug sie in eine einfache, aber umfassende fiktive Situation. In einer kargen, sehr post-nuklearen Wüste kämpfen Stämme von motorisierten Wilden um das letzte Benzin. Max (der wieder von Mel Gibson gespielt

wird) ist jetzt ein verbitterter, asozialer Einzelkämpfer in einem Lederanzug und einer metallenen Beinschiene, die von Gene Vincent entlehnt ist. Seine Lederkleidung ist so stark gepolstert und hat so viele aufgenähte Flicken, daß sie ganz offensichtlich eine Variante des Plattenpanzers des ausgehenden zwanzigsten Jahrhunderts ist. In seiner wortkargen, schlitzäugigen Menschenverachtung hat er etwas von Clint. Anscheinend hat er sowohl die Ermordung seiner Familie als auch den Zusammenbruch der Zivilisation in extremem Maß persönlich genommen. Ein kleiner Dingo ist sein einziger Freund, und selbst der erlebt nur die erste Hälfte des Films und wird dann getötet.

Eine Schar von erzkonservativen Hippies – man erkennt sie als Hippies, weil sie beige Kleidung, Stirnbänder und hehre Gesichtsausdrücke tragen – haben noch eine ganz beträchtliche Menge Benzin. Sie wollen mit dem Benzin weiterziehen und eine Kolonie an der Küste gründen. Ihr Pech ist, daß sie von der übelsten Bande von Bösewichten umzingelt sind – den Heerscharen des Lord Humungus –, die je auf einem Motorrad, in einem Wagen oder in einem Strandbuggy gesessen haben. Für unsere Zwecke ist die übrige Handlung kaum von Bedeutung (die Hippies bitten Max tatsächlich, ihnen beim Transport ihres Benzins behilflich zu sein; anfangs weist er dieses Ansinnen von sich, aber am Schluß greift er ein und macht alles wieder gut, um dann in einer Staubwolke zu verschwinden, nachdem er bewiesen hat, daß selbst Erbitterung einen wahren Helden nicht kleinkriegen kann); was wirklich zählt, sind die Sitten dieser Bösewichte. In Lord Humungus und seinen Leuten sehen wir die Transformation der

Mel Gibson als Mad Max in dem Apokalypsefilm der achtziger Jahre.

Motorradfahrerbande in schwarzem Leder in den absolut verwilderten, barbarischen Nomadenstamm. In seinen Bemühungen, diese Gestalten als die äußersten Grenzwerte des barbarischen Abschaums darzustellen, plündert Miller auf der Suche nach Accessoires und visueller Symbolik die gesamte Popkultur und noch so manches darüber hinaus. Die amerikanischen Indianer lieferten ihm die Hosen, die Leggings und die Skalplocken der Mohawks. Die breit gefächerte Welt des Sports war gut für die Eishokkey-Masken und die Schul-

»He, schau mal, ich zieh' jetzt meine Rüstung aus.«

terpolster. Heavy Metal und S&M trugen die ausgefeilten Varianten der Gürtel, der Schnallen, der Riemen und der Nieten bei. Als Charlie Manson in den letzten Tagen des Armageddon davon träumte, mit seinen Bataillonen von Strandbuggies die Welt zu erobern, hätten selbst seine fiebrigsten und rachsüchtigsten Acid-Visionen George Millers Machwerk nicht überbieten können, es sei denn zahlenmäßig.

Mad Max II war aber nicht nur eine Form von zornigem Comic-Strip, sondern der Film war auch auf eine widerlich romantische Weise plausibel. Man nimmt die Zivilisation weg, und was bleibt? Kannibalische Apachen auf Motorrädern? Vielleicht. Andere Vermutungen sind auch nicht dümmer. Dort, wo *The Wild One* das Verhalten jugendlicher Delinquenten aufzeichnete, zeigte *Mad Max II* die Fantasien jugendlicher Delinquenten auf. Eine Post-Punk-Variante von *Tomorrow Belongs To Me*. Was wäre, wenn der Rest der Welt einfach fort wäre und ich ungestört auf meiner Vincent Black Shadow durch die Wüste fahren und mit der stählernen Armbrust, die in mein Lederband am Handgelenk eingebaut ist, Leute umbringen könnte? O Mann, da kriegen doch die lästigen Langweiler in den Bars gewaltig Schiß.

Es war nicht zu übersehen, welchen Reiz der Film auf die Zuschauer ausübte. Er wies in eine mögliche Richtung, was die nächste Phase der Teenagermode anging. Zur selben Zeit, zu der Boy George mit einer perversen Ramschverkauf-Androgynie experimentierte, bei der sich Ziggy Stardust und Charlies Tante auf halber Strecke trafen, wurde das Lederjackenbewußtsein immer ausufernder. Die Hardcore-Anhänger, die in den ersten zwei Jahren der achtziger Jahre an einer dickköpfigen Trostlosigkeit festzuhalten schienen, kehrten zu schillernde-

147

Unten und rechts:
Straßenmode und Kreationen der Modeschöpferin Katherine Hammett.

ren Accessoires zurück. Aus Mohikaner-Haarschnitten wurden hoch aufragende Kreationen in fluoreszierenden Farben. Der Rocksänger Billy Idol, dessen Karriere nach der Auflösung seiner ersten Band, Generation X, am Zusammenbrechen war, schuf sich eine neue Karriere, indem er sein Äußeres fast vollständig Mel Gibson in *Mad Max II* entlehnte und sich Jim Morrisons Stimme borgte. In melodramatisch narzißtischen Rock-Videos stellte er auch klar, daß er die hämische Albino-Version desselben Delinquenten-Armageddon war. (Zur Erinnerung: Das erste Video dieser Serie, *Dancing With Myself*, wurde von Tobe Hopper produziert, dem Mann, der für den blutrünstigen Klassiker *The Texas Chainsaw Massacre* verantwortlich war.)

In seinem zweiten Video, *Rebel Yell*, trägt Billy Idol eine rot-schwarze Lederjacke, die buchstäblich zerfetzt worden war. Übrig schienen nur noch die Schulternähte, ein Kragen und eine Menge Fransen zu sein, die durch die Luft flogen. Für den früheren Motorradpuristen wäre es undenkbar gewesen, einer Lederjacke mit einem Messer zuzusetzen. In Wirklichkeit war es jedoch nur die neueste Form der Anpassung, bei der die übliche Fertiglederjacke den Merkmalen des Trägers und der Zeit angeglichen wurde, um seiner Persönlichkeit und dem Zeitgeist eher zu entsprechen.

Oberflächlich betrachtet hatte das ausgiebige Aufschlitzen der Kleidung etwas von Kamikaze, doch genau genommen hatte man Lederjacken schon seit den sechziger Jahren mit der Schere zugesetzt, als die Motorradfahrerclubs und die Straßenbanden der Städte den Fetischismus entwickelt hatten, jedem Kleidungsstück, das sie irgend in die Finger kriegen konnten, die Ärmel abzuschneiden. In einem gewissen Ausmaß drückte sich darin auch Leichtsinn aus. Der Junge, der die Ärmel von seiner Lederjacke abschnitt, um seinen Bizeps und seine Tätowierungen zu zeigen, verkündete der Welt im selben Atemzug, daß er sich von einem Teil seiner Rüstung trennte, was hieß, daß er ein so übler Kerl war, daß er es sich leisten konnte, dem Feind einen Vorteil zu geben, sozusagen mit einer Hand auf dem Rücken gegen ihn antrat. Mitte der sechziger Jahre spuckten die Hell's Angels eine Zeitlang große Töne, sie würden überhaupt kein Leder mehr tragen. Sie waren so verflucht harte Kerle, daß sie keinen weiteren Schutz als dünnen Jeansstoff brauchten, um sich der Witterung und gelegentlichen Stürzen auf den Straßenbelag auszusetzen. Diese Mode trieb Blüten, aber schon bald setzten sich die Realitäten des Motorradfahrens wieder durch, und die Hell's Angels holten ihre Jacken wieder aus dem Schrank.

Billy Idols zerfetzte Jacke war auch nichts anderes als dieselbe Masche von Angabe. He, seht mich an, ich bin verrückt, ich lege meine gesamte Rüstung ab. Auch das war die Botschaft, die bereits *Mad Max* übermittelt hatte. In dieser Ödnis nach dem Holocaust gibt es so etwas wie Mut nicht mehr; es gibt nur noch verschiedene Ebenen der wahnsinnigen, selbstzerstörerischen Raserei. Man schaukelte sich in die Raserei eines Irren hoch und dann schleuderte man sich vor einen Lastwagen. (Die einzige Gestalt, die aufgefordert wird, sich für die Interessen anderer in Gefahr zu begeben, ist Max selbst, und in dieser Hinsicht bleibt er ein herkömmlicher, wenn auch nicht allzu großer Held.) Die jugendliche Begeisterung für George Millers Fantasien war für die übrige Welt ein deutliches Signal. Vor ewigen Zeiten sandte der Junge in der schwarzen Lederjacke das Signal aus, daß er zwischen sich und seinesgleichen und der Erwachsenenwelt eine feindselige Kluft wahrnahm. Heute geht das einen Schritt

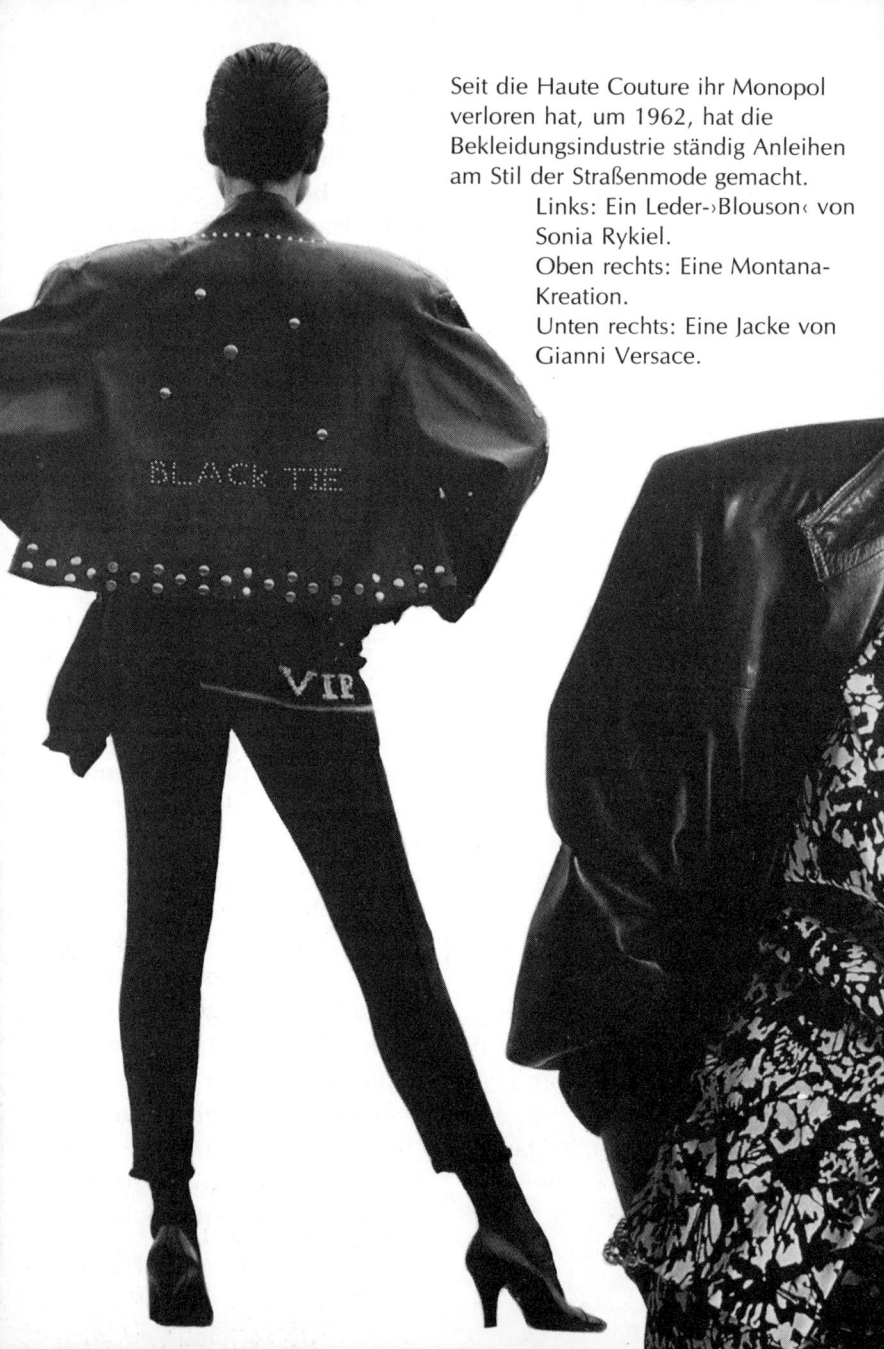

Seit die Haute Couture ihr Monopol verloren hat, um 1962, hat die Bekleidungsindustrie ständig Anleihen am Stil der Straßenmode gemacht.

> Links: Ein Leder-›Blouson‹ von Sonia Rykiel.
> Oben rechts: Eine Montana-Kreation.
> Unten rechts: Eine Jacke von Gianni Versace.

weiter. Der Junge glaubt jetzt, daß man verrückt sein muß, um in einer solchen Welt aufzuwachsen.

Der Schlüssel zum Verständnis der achtziger Jahre und der Kulturen, die noch kommen werden, muß in dem Wort ›Fragmentation‹ liegen. Seit dem Einsetzen der Standardisierung durch Massenkonsumgüter, die mit dem Boom nach dem Zweiten Weltkrieg kam, haben zunehmend kleinere Splittergruppen für sich beansprucht, als eine Form des eigenständigen Lebensstils anerkannt zu werden, der seinen eigenen Look, seinen eigenen, ganz speziellen Geschmack, seinen eigenen Humor und zeitweise sogar seine eigene Philosophie und Moral hat. Wenn wir uns ansehen, was von 1950 bis (sagen wir mal) 1980 in Zeitschriften abgedruckt wurde, können wir darin ein genaues Abbild unserer sich wandelnden und sich in immer kleinere Gruppen aufsplitternden Kultur erkennen. In den frühen fünfziger Jahren gab es eine Handvoll verbreiteter Zeitschriften, die der Unterhaltung der ganzen Familie dienten — *Life, Look, The Saturday Evening Post*. Dann zauderten die großen Zeitschriften, und im Lauf der nächsten dreißig Jahre wurden die Zeitschriftenkioske von Tausenden von spezialisierten Produkten überschwemmt, und heute ist es soweit, daß man mit ziemlicher Sicherheit sagen kann, daß etwas, was man sich vorstellen kann, wahrscheinlich von jemand anderem zeitschriftenfüllend abgedruckt wird. Das Fernsehen hat eine ähnliche Wandlung durchgemacht. 1950 gab es in den amerikanischen Städten im Durchschnitt zwei, vielleicht auch drei Fernsehsender. Heute, das Kabelfernsehen mitgerechnet, können es dreißig bis vierzig sein. Wenn man dem eine Satellitenempfangsstation hinzufügt, kommt man auf Hunderte von verfügbaren Kanälen.

Was sich bei den großen Medien abgespielt hat, spiegelt nur in vereinfachter Form wider, was der Kultur in ihrer Gesamtheit zugestoßen ist. Zwar versuchen viele von uns, die überwältigende Fülle der angebotenen Zerstreuungen zu ignorieren und uns vorzumachen, daß es noch ein gewisses Maß an kultureller Homogenität gibt, aber wir leben in einer Welt, in der etwas so Simples wie die Rock'n'Roll-Musik Nick Cave und Jerry Lee Lewis umfassen kann, in der Religion vom glatten, rabiaten, fundamentalistischen Fernsehprediger bis zum lobotomisierten Moonie, der auf dem Flughafen Rosen verkauft, alles bedeuten kann. Nur die Wahlpolitik wird der gesamten pluralistischen Gesellschaft ins Gesicht geschleudert, denn sie ist zu einem Medienspektakel der unterbewußten Reaktion abgesunken.

Auch hier ist die schwarze Lederjacke wieder einmal ein anschauliches Beispiel. Auf diesen Seiten haben wir beobachtet, wie sich ihr Weg durch die letzten siebzig Jahre verfolgen läßt. Wir haben gesehen, wie sie als ein rein praktisches Kleidungsstück, das arbeits- und kampfgerecht entworfen war, ihre Anfänge erlebte und wie sie dann schnell mit psychologischen, gesellschaftlichen, sexuellen und sogar magischen Bedeutungen ausgestattet wurde. Wir haben gesehen, wie sie im Rahmen der Jugendbewegungen der fünfziger Jahre geradezu zur Uniform der bösen Buben wurde. Von diesem Punkt an hat sie sich in einer zunehmenden Anzahl von Untergruppen der Gegenkultur ausgebreitet, bis der Punkt erreicht war, an dem es ganz so scheint, als könne wirklich jeder die schwarze Lederjacke in irgendeiner ihrer Varianten in seine Garderobe einpassen, und zu diesem Zeitpunkt wurde dieses Buch geschrieben. Die Heavy-Metal-Anhänger beanspruchen sie ganz für sich und tragen sie

Die Straßenmode setzt sich dennoch von den Modeströmungen des sexuellen Underground ab. Bilderstürmer wie Vivienne Westwood und Betsy Johnson waren nötig, um Anleihen bei dem Fetischisten und der Domina zu machen; als das Eis erst gebrochen war, war jedoch kein Halten mehr.

Oben Mitte:
Kreationen von
Jean Paul Gaultier.
Unten Mitte:
Eine Kreation von
Gianni Versace.

zu langem Haar und Turnschuhen, und auch die Rockabilly-Anhänger beanspruchen sie für sich allein und tragen sie als eine übertriebene Imitation der fünfziger Jahre. In dem Film *Purple Rain* trägt Prince in den Motorradsequenzen seine persönliche, nach Byron anmutende Variante. Sein größter Rivale, Michael Jackson, fing ursprünglich an, James Dean in einer roten Lederjacke imitieren zu wollen, ging dann für eine Pepsi-Cola-Reklame zu Schwarz in Schwarz über, scheint aber jetzt alles, was er besitzt, mit Lametta-Epauletten, Goldlitzen und Pseudo-Orden zu verzieren, die eher in ein Wunderland gehören und doch eine gewisse Neigung dazu aufweisen, ihn wie einen jungen, mageren Diktator des Dritten Weltkrieges aussehen zu lassen.

Der normale Motorradfahrer trägt die normale Motorradkleidung, und die Jacken werden gleichzeitig mit ihren Besitzern abgenutzter, faltiger und interessanter. Yuppies spielen manchmal mit dem Feuer, indem sie in der Hoffnung, sich damit etwas Draufgängerisches zu geben, eine Lederjacke tragen, wenn sie vor dem Einkaufszentrum aus einem Volvo steigen. In der Schwulenszene hat die schwarze Lederjacke ihren festen Platz behalten, der möglicherweise jetzt, da Ronald Reagan wieder für das Image des Marlboro-Mannes steht, noch gesicherter ist denn je. Duran Duran behalten eine Variante des gängigen Rock'n'Roll und den entsprechenden, leicht französisch anmutenden Blouson bei. Anlageberater, die früher die Radikalen der sechziger Jahre waren, haben ihre alten schwarzen Lederjacken noch im Schrank hängen, und sie hängen in vergleichbarer Form am altgeliebten Kleidungsstück wie der Kriegsveteran an der ausgedienten Uniform. Er ist sicher, daß er sie nie wieder brauchen wird, aber in einer Welt, in der nie irgend etwas von Bestand ist, kann man es ja nie so genau wissen. Vierzehnjährige Jungen, die entweder ihre Ersparnisse dafür anlegen oder ihre Eltern übertölpelt haben und in den jeweiligen Läden für Heer- und Marinekleidung stehen und sich ihre erste Lederjacke kaufen, empfinden diesen Kauf immer noch als einen Übergangsritus, der ihnen Zutritt zu einer anderen Welt verschafft.

Die schwarze Lederjacke bleibt bestehen. Zeitweise sieht es ganz so aus, als würde es sie bis ans Ende aller Zeiten geben.

Ein Spiegelbild der Szene, in der wir leben.
Avantgardistisch, progressiv, alternativ.

Graffiti
18/1 - DM 6,80

Josef Singldinger
Lieder gegen den Krieg
18/2 - DM 7,80

Udo Lindenberg
Rock'n'Roll und Rebellion
Ein panisches Panorama
18/3 - DM 7,80

Robert Sabbag
Schneeblind
Report über den Kokainhandel
18/4 - DM 7,80

Henky Hentschel
Auf dem Zahnfleisch durch Eden
Wohin einer kommt, wenn er geht
18/5 - DM 5,80

Underground USA
Texte der alternativen Scene
18/6 - DM 12,80

Edel sei der Mensch, Zwieback und gut
Szene-Sprüche
18/7 - DM 6,80

Timothy White
Bob Marley, Reggae, Rastafari
Ein kurzes, schnelles Leben
18/8 - DM 9,80

Von Anmache bis Zoff
Ein Wörterbuch der Szene-Sprache
18/9 - DM 6,80

Gita Mehta
Karma Cola
Gurus, Freaks, Business.
Die Vermarktung der indischen Mystik
18/10 - DM 6,80

Gary Herman
Rock'n Roll Babylon
18/11 - DM 12,80

Helmuth Vyskocil
Rough Boys
Drei Jahre Ewigkeit im Drogen-Knast von Bangkok
18/12 - DM 9,80

Graffiti 2
Neues an deutschen Wänden
18/13 - DM 6,80

Jack Kerouac
Big Sur
Roman
18/14 - DM 7,80

Ich denke, also spinn ich
Schüler-Sprüche
18/15 - DM 6,80

Inge Kramer / Günter Zint
Greenpeace-Abenteuer
Gewaltfreie Aktionen
Mut und Phantasie
18/16 - DM 7,80

Amazone steht auf Macho
Kleinanzeigen in der alternativen Presse
18/17 - DM 7,80

Piera degli Esposti
Geschichte der Piera
Eine Frau findet zu sich selbst
18/20 - DM 7,80

Jan Kerouac
Baby Driver
Roman
18/24 - DM 7,80

Günter Zint
„Begrabt mein Herz an der Auffahrt zur Autobahn"
Geschichten, Graffiti, Tips, Tramper-Blues
18/25 - DM 7,80

Paukenschläge von Wolfgang Neuss
Der gesunde Menschenverstand ist reines Gift
18/26 - DM 7,80

Graffiti 3
Phantasie an deutschen Wänden
18/27 - DM 6,80

Jerry Hopkins/ Daniel Sugarman
Keiner kommt hier lebend raus
Die Jim Morrison Biographie
18/28 - DM 9,80

Preisänderungen vorbehalten.